JN440083

칸트에게 보내는 편지

칸트에게 보내는 편지

윤 철

수필과비평사

오늘이 있기까지 동행해주신 하나님께 감사드리며
아내에게 결혼 사십 주년 기념으로
이 책을 선물합니다.

민정애, 당신은 참 좋은 사람입니다.

| 책머리에 |

손자 손녀에게 해주고 싶은 이야기가 많습니다. 그러나 듣기는 해도 이해하기에는 아직 어린 나이입니다. 사춘기쯤 되면 지겨운 잔소리라며 귓등으로 흘릴 게 뻔하고 할아버지의 이야기가 가슴에 스밀 나이가 되면 내가 말을 하지 못하게 될 것 또한 뻔합니다.

이 일을 어찌해야 할꼬? 이런저런 궁리를 하다가 만난 것이 수필입니다. 우연히, 그러나 결코 우연찮게 만난 수필에 애착을 가지고 정을 쏟고 공을 들였습니다.

사람 냄새가 나는 글, 차갑지 않으면서 차지고 실팍한 진흙 같은 수필을 쓰고 싶었습니다. 비유와 윤색과 전고가 자제된 수필, 무심한 돌처럼 보여도 속에서는 우르릉우르릉 울림이 있는 글을 쓰고 싶었습니다. 하지만 정을 쏟는다고, 열심을 낸다고 글이 그대로 쓰이는 건 아니었습니다. 감정만 격하고 마음만 급할 뿐 붓끝은 항상 어눌하여 언제나 부끄러울 뿐입니다.

그 글들을, 사유가 부족하고 안목이 짧아 시시하고 무안하기 짝이 없는 글들을 모아 수필집을 내겠다는 자체가 부끄러운 짓인 줄 압니다. 책이 발간되고 나면 더 부끄럽고 염치없겠지요. 그 염치 없음이 내 마음에 생채기를 낼 것이 분명합니다. 마음은 아리고 쓰리며 얼굴은 화끈거리겠지요. 이 아픔이 나를 더 정진의 길로 인도하리라 믿고 기도하며 용기를 내 봅니다.

아무도 알아주지 않는 글이지만 혼자만의 공간, 그 어둑하고 침침한 그늘 속에 숨어 있던 속내를 털어놓았습니다. 문장은 투박해도 내용은 솔직하게 썼습니다. 만족스럽지는 못하나 독자들과 통하고 나누었으면 합니다. 지금보다 훨씬 뒤에 사랑하는 손자 손녀가 어른이 되어서 인생을 바르게 이해하고 품격있는 삶을 살아가는 데 이 글이 도움 되었으면 좋겠습니다.

2017년 8월

윤 철

| 차 례 |

첫째 마당 | 마중물

둘째 마당 | 지나가는 바람

셋째 마당 | 내 안의 또 다른 나

넷째 마당 | 우리만의 전설

다섯째 마당 | 진짜 선물

첫째마당

마중물

마중물

무작정 집을 나섰다. 코끝을 간질이는 봄기운을 참아내기 힘들었던 탓에 마음 가는 대로 차를 몰아 가까운 교외의 산기슭에 도착했다. 마음이 막막하거나 이유 없이 두근거릴 때 들러서 마음을 다스리는 곳, 지인의 매실 과수원이 있는 곳이다. 고랑을 따라 비탈을 오르는데 튼실한 매실나무 사이로 오래된 펌프 하나가 보였다.

자주는 아니지만 그래도 열 번 넘게 왔었는데 펌프는 처음 보았다. 펌프는 오래전부터 거기에 서 있었을 것이다. 내가 보지 못했을 뿐이다. 사람은 눈에 들어오는 모든 것을 한꺼번에 보고, 기억하는 것 같지만, 사실은 그렇지 않다. 관심이 없으면 보이지 않는 법이다. 보았어도 기억으로 저장되지 않기 때문에 전혀 처음 보는 것처럼 낯설게 다가오게 된다.

펌프의 손짓을 따라 다가갔다. 외롭게 서 있는 녹슨 펌프 하나. 땅속에 박힌 파이프 위에 사람 몸통 모양의 수동펌프가 긴 팔을 늘어뜨린 채 올라앉아 있다. 땅속에 박힌 파이프를 붙들고 있는 부서진 시멘트구조물이 작두 샘터였음을 짐작하게 했다. 옛날에 상수도가 보급되기 전에 우리의 생활용수를 책임졌던 시설이 펌프다. 우리 고장 전라도에서는 지렛대 같은 손잡이의 모양이 여물을 써는 연장을 닮았다고 해서 작두라고 부르기도 한다. 발전 단계로 나눈다면 우물과 수도의 중간쯤에 해당할 것이다. 나 같은 중년들에겐 추억이 많은 물건의 하나가 아닐 수 없다.

나는 긴 손잡이 끝을 잡고 펌프질을 해보았다. 덜그럭거리는 소리만 날 뿐 물은 올라오지 않았다. 마중물을 한 바가지만 부으면 금방이라도 물이 뿜어져 나올 것 같았다. 펌프에 물줄기가 끊어지면 먼저 다른 물을 한 바가지 정도 위에서 붓고 펌프질을 해야 한다. 그래야 파이프에 있는 공기가 뽑혀 나오고, 마침내 깊은 땅속의 샘물이 솟구치듯 나오게 되기 때문이다. 이때 먼저 붓는 물을 마중물이라고 한다. 큰물을 퍼 올리기 위해 먼저 나가서 맞이하는 물이라는 의미이며 순수한 우리말이다.

마중물. 그것은 한 바가지 정도에 불과한 보통의 물에 지나지 않지만, 땅속의 숨결을 불러내는 고귀함이 있다. 깊이 숨겨져 있는 열정을 밖으로 뿜어내게 하는 응원의 힘이 있다. 적은 양이지만 깊은 땅속까지 물길을 이어내는 놀라운 힘도 있다. 땅속에서 올라온 물과 섞이면 나를 드러내지 않고 흔적도 없이 사라지는 겸손과 희생까지 갖추고 있다. 마중물은 실마리며, 응원이고 내세우지 않는 도움인 것이다.

빈 펌프질 소리에 깨나른한 봄기운이 저만큼 달아나며 춘곤증에 반쯤 잠들었던 연둣빛 꽃봉오리들이 깨어난다. 매실나무의 도도록한 꽃봉오리들이 손자가 삐쳤을 때의 입술 끝 모양처럼 앙증스럽다. 저 봉오리에서 매화가 피었다가 지고, 그 자리에 깨알같이 맺힌 열매가 통통하게 살이 오른 청매실로 익어 가리라. 이것저것 두서없이 이어지던 생각이 갑자기 옛날로 내달린다. 거의 50년이 다 된 추억 하나를 기억 창고에서 끄집어내 해바라기를 시킨다.

고등학교 1학년 때였다. S를 비롯해서 유달리 친했던 네 명의 친구가 있었다. 학교가 끝나면 마치 약속이라도 한 것처럼 모두 S의 집으로 몰려갔다. 가방과 웃옷을 대청마루에 깊숙이 던져 놓고 작두샘 가에 가서 펌프 주둥이 밑에 엎드렸다. 서로 등목을 먼저 하려고 선착순 경쟁을 했었다. 그때 그 등목의 시원함이란…. 어찌 냉장된 탄산수에 비교하며 에어컨 바람이 따라올 수 있으랴. 그 시절이 어제 일처럼 눈에 선하다. 그런데 모두 오래된 추억일 뿐이다. 그나마도 서열이 늦어 자주 꺼내 보지 않는 골방추억에 불과하다. S가 이 세상을 버린 지 벌써 4년이나 되었다. 저세상에서나마 잘 지내고 있는지 궁금하다.

얼마 전에 가난을 비관하여 자살한 세 모녀의 이야기가 보도되었다. 죽으면서도 마지막 월세와 공과금을 유서에 남긴 그들의 사연을 들으며 얼마나 가슴이 아픈지 나도 모르게 눈물이 나왔다. 옥죄여 오는 세상의 고통이 얼마나 컸으면 생명의 끈을 놓아 버렸을까? 절망감이 얼마나 깊었으면 죽음의 두려움도 뛰어넘을 수 있었을까? 내 가슴으로는 가늠도 할 수 없을 정도였으리라. 그들은 희망의 물이 끊긴 펌프를 붙잡고 마지막까지 안간힘을 다하며 빈 펌프질을 해 댔을 것이다. 종국에는 몸과 마음이 기진하여 스스로 주저앉아 버렸을 그 순간, 그들에게 한 바가지의 마중물이 전해졌다면? 마중물은 목숨을 응원하는 희망이 되었을 것이다.

등목을 같이했던 친구 S도 60이 다된 나이에 스스로 세상을 버렸다. 그가 죽기 전의 마지막 심경도 세 모녀와 비슷했으리라. 세상을 버리기 전에 나에게 어떤 신호라도 보내줬으면, 내가 그 친구의 인생을 이어주는 마중물이 될 수 있었을 텐데…. 새삼스럽게 그 친구가 보낸 신호를 내가 못 들은 척 무시해버렸을지도 모른다는 자책이 마음 한구석에 똬리를 튼다.

나는 한창 공부해야 할 청소년기에 갑자기 어렵게 된 가정 형편 때문에 고생을 많이 했다. 공부도 제대로 하지 못했다. 힘들게 들어간 대학도 포기하고 공무원시험을 볼 수밖에 없었다. 그때 만약 누가 내 인생의 마중물이 되어 주었다면? 만약이라는 가정은 항상 허황하기 마련이지만 지금보다는 훨씬 멋진 인생을 살지 않았을까 하는 철없는 생각이 들기도 한다.

질곡 없고 부침 없는 인생이 어디 있을까. 나도 지금까지 살아오는 동안 삶의 등짐이 너무 버거워 내려놓고 싶은 고비가 많았다. 바라는 일이 뜻대로 되지 않고, 구부러지고 막힐 때마다 하늘의 도움을 바라며 간절히 기도했었다. 그때마다 한 바가지의 마중물 같은 도움이 있었기에 내가 여기까지 올 수 있었으리라. 지금까지의 내 인생에 얼마나 많은 마중물이 부어졌을까? 내가 기억하고 감사하는 경우보다 모르고 무심하게 지나친 경우가 더 많았을 것 같다. 혼자 힘으로 이겨낸 것으로 착각하고, 으스대는 오만함 때문에 도움을 주신 분의 눈살을 찌푸리게 한 적도 없지는 않았을 것이다. 이제는 감사와 뉘우치는 마음을 담아 내가 먼저 나눔으로 되갚아야 할 때라는 생각이 든다.

나도 다른 사람의 마중물 같은 존재가 되고 싶다. 젊은이의 꿈을 키워주고, 힘들어하는 이웃에게 힘을 보태주는 한 바가지의 물. 그런 삶을 소원하며 기도한다.

공짜 커피

나는 커피를 좋아한다. 그렇다고 에스프레소나 아메리카노를, 그것도 블랙으로 마시는 것이 아니니 커피의 깊은 맛과 향을 제대로 음미하는 마니아는 아니다. 흔히 양촌리 커피라고 부르는 봉지 커피의 달보드레하고 고소한 맛을 즐긴다. 커피보다는 달착지근한 맛에 더 빠져있는 것인지도 모른다.

어째 기운이 없고 머릿속이 수세미같이 헝클어졌다가도 커피 한 잔 마시면 정신이 맑아지며 새 힘이 솟는다. 그런데 늦게 배운 도둑이 날 새는지 모르더라고 하루에 한두 잔이 아니라 일고여덟 잔을 마셔대니 내가 봐도 좀 심하다는 생각이 든다. 하루에 일고여덟 잔은 가볍게 해치우는 그 자체가 제대로 된 맛도 모르면서 거추없이 마셔대는 커피 촌놈이라는 증거 아니겠는가. 게다가 내가 마시는 커피는 공짜가 대부분이다.

한 잔에 몇천 원 하는 전문점 커피가 있는가 하면 고작 몇백 원이면 끝인 자판기 커피도 있지만 요즘은 무료 자판기가 지천으로 널려 있다. 음식점은 물론이고 병원이나 은행, 심지어 관공서 민원실에도 공짜 커피 자판기가 설치된 곳이 많다. 내가 커피를 하루에 일고여덟 잔이나 마시게 된 데는 이 무료 자판기의 공이 크다. 세상에 공짜는 없다는데 나는 무료 자판기를 그냥 지나치는 법이 별로 없다. 음식점에서 후식까지 배불리 먹은 다음 숭늉으로 입가심하고도 무료자판기의 커피를 한 잔 빼 들어야 일을 제대로 끝낸 것 같이 개운하니….

요즘 들어 부쩍 잠이 고르지 않고 공복에는 속이 쓰리다가 식후에는 뱃속의 더부룩한 증세가 오래가서 병원을 찾았다. 검사결과 '역류성 식도염'과 '위염'이 겹쳤다는 진단이 나왔다. 내시경 결과를 설명하는 자리에서 의사는 식생활에 대해 여러 가지를 주문했다. 주의해야 할 음식도 많았다. 그중에 커피를 마시지 말라는 말이 가장 지키기 힘들 것 같았다. 그래도 어쩌겠는가. 커피의 고소하고 달큼한 맛과 건강을 바꿀 수는 없지 않은가. 커피를 끊기로 그 자리에서 마음먹었다.

'담배도 끊었는데 그까짓 커피쯤이야…'

약국에 들러 약을 한 보따리 받아 나오는데 입구의 커피 자판기가 눈에 띄었다. 무심결에 버튼을 누르려다가 손을 거두어들이며 나도 모르게 좌우를 살폈다. 누구라도 지켜보는 것 같아 쑥스럽기 짝이 없었다. 공짜 좋아하다가 대가를 톡톡히 치르게 된 마당에도 이 모양이니 나는 정말 못 말리는 인간인가 보다.

대수롭지 않게 생각했던 커피 끊기가 쉽지 않았다. 커피를 마시지 않으니 처음엔 온몸에 활력이 없고 정신이 흔들거렸다. 온종일 병든 닭처럼 시들시들했다. 아무리 그래도 몸으로 느끼는 금단현상은 어느 정도 참아낼 수 있지만 정작 버텨내기 힘든 것은 마음으로부터 오는 유혹이었다.

"커피 드실 분?"

식사가 끝나갈 무렵, 종업원의 커피 주문에 나도 모르게 손을 올렸다가 슬그머니 내리기를 여러 번. 매혹적인 윙크를 보내는 여인네의 유혹인들 식당 입구에 다소곳이 앉아 있는 자판기의 홀림보다 더할까. 커피 자판기를 하필이면 식당 입구에 설치해 놓는 업주의 상술을 탓할 일은 아니지만 들고날 때마다 참기 힘든 고문이었다.

'커피나 녹차나 카페인이 들어있기는 마찬가진데 왜 커피만

마시지 말래? 커피를 적당히 마시면 치매도 예방되고 오히려 건강에 이롭다던데…'

마음을 들쑤시고 흔들어 놓는 충동질은 끈질겼다. 하루에 두 잔 정도의 커피를 꾸준히 마시면 간 경화 발생 위험을 44%까지 줄일 수 있다는 신문기사가 클로즈업되기도 했다. 오히려 커피가 몸에 이롭다는 기사를 발견하고는 거보라는 듯이 확대해석하며 커피를 마실 명분을 억지로 만들기도 했다. 어떤 홀림보다도 "딱 한 잔만"의 은근한 속삭임은 가장 참기 힘든 꾐이었다.

내가 커피를 즐기기 시작한 것은 퇴직한 다음부터니 몇 년 되지 않는다. 현직에 있을 때는 하루 평균 십여 명의 손님을 만나고, 여러 회의를 주재하다 보면 자연히 차를 많이 마실 수밖에 없었다. 어쩌다가 커피를 마시게 된 날은 저녁에 잠이 잘 안 왔다. 그래서 커피를 피했다. 백수 생활이 다 그렇듯 퇴직한 후론 하룻저녁쯤 못 자도 그다음 날이 부담되지 않으니 한잔 두잔 그저 생각 없이 마시기 시작한 것이 이젠 인 박인 것 같다.

퇴직한 지 5년째. 지난날을 하루라도 빨리 잊어버리는 것이 행복한 은퇴 생활의 첫걸음이라고 선배들은 조언했다. 겉으로는 누구보다 빨리 잊고, 비우고, 털어버렸노라고 큰소리를 쳤지만 어쩐지 마음은 항상 헛헛했다.

현직에 있을 땐 커피가 공짜였다. 생각해보면 커피뿐만 아니라 공짜가 이것저것 제법 많았던 것 같다. 정년퇴직도 생활의 연장이니 출근하지 않는 것을 빼놓곤 일상이 별로 달라지지 않을 줄 알았다. 그런데 흔전만전하던 호의나 공짜가 하루아침에 사라졌다.평소 공짜를 좋아하지도 않고 공짜로 포장된 제의 뒤에는 반드시 음흉하고 부정한 계략이 숨어 있다고 믿어서 피해왔었는데 이제는 그런 유혹조차 아련한 추억처럼 그리운 것이 돼 버렸다. 사회적으로 쓸모 있고 없고는 나이로 판정하지만, 그것을 몸으로 받아들이는 현실은 공짜의 있고 없음이지 싶다.

커피만큼은 옛날이나 지금이나 여전히 공짜다. 그런데 왜 그때는 피했던 커피를 은퇴한 다음부터 물 마시듯 마셔대고 있는가? 커피를 마시고 잠을 설쳐도 그다음 날 일상에 지장이 없는 백수의 여유 때문만은 아닌 것 같다. 은퇴하고 보니 공짜라곤 커피뿐이니, 그것으로나마 공짜가 넘쳐났던 그 시절의 향수를 채우려 했던 것은 아니었을까? 아닌 척해보지만 나는 아직도 그 시절을 떨치지 못하고 있음이 분명하다. 새로운 취미에 푹 빠져 바쁘게 지내면서도 마음 한구석이 항상 아쉽고 허기졌던 것은 그 탓 아니겠는가. 그러고 보니 하루에도 몇 번씩 현역시절이 생각날 때마다 달보드레한 공짜 커피 한잔으로 헛헛한 마음을 다독였던 것 같다.

나는 오늘도 공짜 커피 자판기 앞에서 줏대를 세우지 못하고 흔들린다. 그 시절이 자꾸 떠오른다. 지나온 세월을 잊는다는 게 쉬운 일은 아니다. 인생의 절반 이상을 보낸 그 세월을 어찌 잊겠는가. 그냥 잊은 척할 뿐이다. 그 시절이 그립고 같이 부대끼며 애환을 나눴던 이들이 많이 보고 싶다.

결국 졌다. 커피 끊기를 포기하고 공짜 커피 한잔 빼 들며 시계를 거꾸로 돌려본다.

고방 쇠때

‘고방 쇠때’란 곳간 열쇠를 뜻하는 사투리다. 가정경제의 주도권을 의미한다. 남자 본위였던 봉건시대에도 집과 토지문서, 소작료 수입처럼 재산이나 수입관리는 남자가 했지만, 안살림의 출납은 여자의 몫이 보통이었다.

안방마님은 고방 쇠때를 틀어쥐고 살림을 주도했기에 곳간 열쇠는 안주인의 상징이었다. 고방 쇠때는 대개 시어머니로부터 며느리로 여자들끼리 이어받았다. 마지막 순간까지 고방 쇠때를 며느리에게 넘기지 않는 깐깐한 시어머니도 있었지만 대개는 며느리가 다시 며느리를 보게 되거나 오랜 시집살이 끝에 이어받는 게 관습이었다. 그래서 고방 쇠때를 받았다는 것은 고추보다 맵다는 시집살이의 끝을 의미하며 안방마님으로 올라섬을 뜻하는 말이기도 하다.

나는 며칠 전, 우리 집 고방 쇠때를 아내에게 넘겨주었다. 그렇다고 고방 쇠때가 처음부터 내 것은 아니었다. 내가 은퇴하기 전까지는 당연히 아내의 몫이었다. 삼십칠 년을 다닌 공직을 떠나 하루아침에 삼식이가 돼버린 내가 측은했던지 아내가 관리하던 통장을 슬며시 내게 넘겨주었다. 그렇게 해서라도 나의 기를 살려주고 싶은 마음이었으리라. 마침 은퇴 후 첫 번째로 하고 싶었던 집을 짓기 시작한 때라 적지 않은 돈이 들고 나기도 해서 우리 집의 고방 쇠때가 자연스레 나에게 넘어온 것이다.

요즘을 흔히 100세 시대라고 한다. 이는 천수를 누리는 축복의 의미도 있지만, 병고와 궁핍함에 시달리는 노년의 처지에서 보면 저주의 의미로 다가올 수도 있다. 그런 탓인지 사람이 늙어갈수록 세 가지를 꼭 갖춰야 한다고 한다. 그 세 가지가 무엇일까? 사람마다 가치관과 형편에 따라 다를 수 있다. 배우자와 가족은 당연히 있어야 할 것이니, 노년에 갖춰야 할 세 가지는 일반적으로 건강, 돈 그리고 친구를 든다. 그중에서 건강은 필수고 경제력의 지표인 돈에 대해서는 시각에 따라 평가가 달라진다. 돈이 인생의 전부는 아니다. 하지만 "돈이 인격이고 행복의 잣대"라는 말에 공감하는 이가 많을 정도로 인생에서 돈은 중요한 요소임에 틀림이 없다. 속물스럽다고 할지 모르지만 나도 건강과 함께 돈이 안락한 노년의 삶을 좌우하는 필요충분조건이라고 생각한다. 경제력이 뒷받침되지 않는 궁핍한 노년은 더욱 고달플 수밖에 없는 현실을 인정하지 않을 수 없으므로 더욱 그렇다.

경제력을 갖췄다고 해도 그 주도권을 누가 가지느냐에 따라 가정에서의 위상이 달라지기도 한다. 은퇴한 노년의 남자를 '삼식이'나 애완견에게마저 밀리는 '가족 서열 꼴찌'에 비유하는 우스개 속에는 가정경제권을 잃어버린 가장의 서글픔이 진하게 배어 있다. 지금 세상에는 집집마다 대부분 아내가 경제권을 좌지우지한다. 그런데 그걸 나에게 넘긴다니. '야호~, 야호야호~.' 아닌 척 표정관리를 해보지만 이미 입꼬리가 귀에 걸려버렸는데 표정관리가 되겠어. 빼앗아서라고 차지해야 할 판에 스스로 넘겨준다는 걸 받지 않을 남자가 어디 있겠는가. 그게 얼마나 신나는 일인데.

처음에는 정말 신바람이 났다. 아내와 용돈 문제로 눈치작전을 해야 할 필요가 없어진 데다 아내에게 생활비를 쥐여 주는 뿌듯함이란…. 내가 가장의 몫을 톡톡히 해내고 있다는 자신감 또한 이루 말할 수가 없었다. 은퇴와 함께 이런 행복이 내게 오다니. 그러나 그것은 소탐대실이었다. 처음부터 아내가 그런 계산을 하고 곳간 열쇠를 내게 넘긴 건 아니겠지만, 열쇠를 받은 처음 얼마 정도만 기분이 좋았을 뿐 손해는 손해대로 보고 스트레스는 스트레스대로 쌓였다.

은퇴 당시 나는 선배들의 충고대로 제법 적지 않은 액수의 딴 주머니를 차고 있었다. 몇 년에 걸쳐 준비한 돈이다. 그러나 내가 통장을 관리하면서부터 내 비자금과 생활비 그리고 집 짓는 공사비가 섞이기 시작하더니 나중에는 구별이 힘들게 되었다. 더 정확히 말하면 지하경제였던 내 비자금이 생활비와 뒤섞이면서 슬금슬금 양성화되다가 결국 없어져 버린 것이다.

거기다 사람까지 좀스럽게 변해갔다. 필요 없는 전깃불은 일일이 찾아다니며 끄게 되고, 비데도 쓸 때만 전기를 켜도록 가족들을 향한 잔소리가 날이 갈수록 늘었다. 직장에 다닐 때는 눈에 보이지 않던 부분까지 시시콜콜 간여하고 싶은 소리를 해대니 아무것도 아닌 자잘한 문제로 아내와 티격태격하는 횟수가 늘어갔다. 공과금을 내기 위해 월말마다 여자들 틈에 끼어 은행의 공과금 수납 기계 앞에 줄을 서 있을 때는 '도대체 내가 어쩌다가 이렇게 됐지?' 하는 자조에 자책감마저 들었다.

한 푼을 두 푼으로 쪼개 쓰며 규모 있고 알뜰하게 재정을 관리하는 것은 천성적으로 남자가 여자를 따라갈 수가 없다. 갈수록 나만 좀스러워질 뿐 생활비는 더 많이 나가고 불필요한 지출이 커짐은 당연할 수밖에. 내가 고방 쇠때를 관리한다는 것은 이래저래 손해였다.

"당신 통장 도로 가져가! 이거 남자가 할 짓이 못 돼."

기회만 닿으면 곳간 열쇠를 넘기려는 나의 시도에 아내는 얄밉게도 약까지 올리며 받아가지 않았다.

"당신도 해보니 힘들지? 내가 그깐 걸 뭐하게 다시 받겠어."

내가 확 집어 던지면 어쩔 수 없이 받아야 가겠지만 남자 자존심에 그거 하나 제대로 못 해 미루는 것 같아서 울며 겨자 먹기였다. 그렇게 해서 나의 고방 쇠때 관리는 무려 오 년간이나 이어졌다.

퇴직하면서 노후대책용으로 2층짜리 조그만 상가건물을 마련했었다. 이번에 그 건물을 팔았다. 딱히 팔아야 할 이유는 없었지만, 매수자가 워낙 좋은 조건을 제시하는 바람에 팔게 되니 생각지 않았던 목돈이 손에 잡혔다. 아내가 그 돈을 자기에게 주라고 했다. 나는 '이때다' 싶어 고방 쇠때를 가져가는 조건으로 허락했다. 그렇게 해서 우리 집의 경제 주도권은 다시 제자리를 찾아 아내에게 돌아갔다.

그런데 참 간사한 것이 사람 마음이다. 통장만 넘기면 속이 마냥 후련할 줄 알았는데 막상 넘겨주고 나니 약간 섭섭하다. 앞으로 아내에게 용돈 타령을 해야 할 것도 조금은 걱정이 된다. 처음에 딴 주머니를 찼던 그만큼만이라도 몰래 떼어놓을 걸…. 항상 후회는 나중에 온다. 아내의 허락 없이 호기를 부릴 수 있었던 좋은 시절은 이제 끝이 났다. 하지만 어쩌랴. 아내에게 모두 맡기고 필요할 때마다 타다 쓰는 것이 더욱 속이 편한 팔자를 타고난 것을.

사람에게는 누구든지 각자에게 주어지는 자기 그릇이 있다. 그릇의 크기나 담을 거리는 사람마다 다른 성별, 운명, 성품, 환경, 수양의 정도와 구구 각색의 다양한 변수에 따라 달라진다. 우리는 그것을 간단하게 한마디로 사람의 분수라고 표현한다. 누구에게나 자기 분수가 있다. 분수에 알맞은 삶은 세상의 순리를 거역하지 않아서 몸과 마음이 편안하다. 순리와 편안함은 누구에게나 행복을 느끼게 한다. 분수에 넘치는 것을 바라는 것은 거추없는 욕심이다. 허황하고 무리한 삶은 거추없는 욕심에서 비롯되는 것.

대통령 비선 실세의 국정농단사태로 나라가 시끄럽다. 권력자들이나 정치인, 재력가는 물론 장삼이사의 필부들까지도 제 그릇을 모르고 거추없이 부리는 욕심이 사회를 혼란과 피폐의 외길로 몰아간다. 억지와 비리가 뿜어내는 역겨운 악취가 온 세상을 덮어버렸다.

우리 집 고방 쇠때는 아내가 가져야 하는 작은 순리에서 보듯 누구를 막론하고 분수에 맞는 일들을 맡고, 해야 한다. 노년에 갖춰야 할 세 가지 덕목도 마찬가지다. 건강, 돈, 친구도 중요하지만 나이를 깨닫고 주어진 여건에 분수를 맞춰 욕심내지 않고 자족하며 사는 지혜가 무엇보다 중요하지 싶다. 욕심의 있고 없음에 따라 건강, 돈, 친구는 있어도 없고 없어도 있는 것 아니겠는가.

길고도 멀었던 그날

1980년 5월 18일. 그날은 박찬희와 오쿠마쇼지의 프로복싱 WBC 플라이급 챔피언쟁탈전이 열렸던 일요일이었다. 우리나라의 역사엔 광주민주화운동이 일어난 날로 기록되어 있다. 그날, 나는 그 역사적 사건의 현장에 있었다.

광주 근교에 있는 전남지방공무원교육원에서 교육을 받던 중, 주말이라 전주 집에 왔다가 점심 무렵 광주에 도착했다. 교육원 아랫동네에 있던 하숙집으로 가기 위해 시내버스를 기다리다가 수군거리는 소리를 들었다. 하숙집엘 가려면 버스가 금남로를 지나야 하는데 그곳에서 큰 시위가 벌어져 난리란다. 어렵게 택시를 탔지만, 금남로 근처에서 내려야 했다. 아수라장인 시위현장을 헤집듯 걸어서 통과했다.

여느 시위와 다름없는 광경이었지만 시위 진압을 경찰이 아닌 군인들이 하고 있는 것이 달랐다. 인정사정 가리지 않는 그들의 무차별적인 진압에 수없이 많은 학생이 쓰러졌다. 피를 흘리며 쓰러져있는 학생에게 가해지는 무자비한 발길질. 시위진압이 아니라 앙심을 품은 폭력이었다. 이를 보다 못해 말리던 늙수그레한 중년의 아저씨도 눈이 뒤집힌 폭력 앞에 여지없이 도로 위를 나뒹굴어야 했다.

그 자리에서 목격한 모든 광경은 충격이었다. 하지만 내가 느낀 충격의 강도는 그날 밤 박찬희가 타이틀을 잃은 것보다 약했다. 보수적으로 길들여진 공무원의 시각에서 그저 그런 식으로 예사로이 받아들인 탓이다. 그 시절에는 시위가 아주 흔한 일이기 때문에 나는 이 시위가 곧 잠잠해질 것으로 생각했다. 시위현장에서 안전하게 빠져나온 것만을 다행으로 여겼을 뿐, 그 자리가 역사의 현장이 되리라는 생각은 전혀 하지 못했다.

교육은 중단되었다. 같이 연수를 받던 동기생도 두 명이나 죽었다. 그 흔하던 시위가 아니었다. 전화는 불통이었고 뉴스도 볼 수 없었다. 들리는 것은 무성한 소문과 헬리콥터 소리뿐이었다. 나는 하숙집에서 이 사태가 잠잠해지기만을 기다리고 있었다. 5월 21일부터는 간간이 총소리도 들렸다. 불안감은 풍선 커지듯 자꾸 부풀었다. 시내까지 구경을 다녀온 하숙집 주인아저씨는 "인공 났다."는 한마디로 상황을 설명했다. 전쟁이 터졌다는 말이다. 이제 오도 가도 못하는 신세가 되는 것은 아닐까? 전주와 내 가족은 어찌 되었을까? 이대로 주저앉아 기다리기만 하기엔 너무 불안하고, 태산 같은 가족 걱정에 나는 용기를 내서 집으로 돌아갈 결심을 했다. 5월 22일, 아침을 먹자마자 가방에 옷가지와 책 몇 권을 챙겨 넣었다. 만류하는 주인 내외를 뒤로하고 하숙집을 나섰다. 가까운 고속도로의 비탈면을 기다시피 걸어서 도로 위로 올라섰고 전주 방향을 택하여 빠른 걸음을 내디뎠다.

30분쯤 걸었을까. 일반인 복장에 카빈총으로 무장한 시민군(당시에 정부에서는 폭도라고 했다.) 몇 명과 마주쳤다. 대부분 20대로 보였으나 서른이 넘어 보이는 사람도 있었다. 오월 햇볕에 그을린 탓인지 얼굴은 검붉었고 차림새는 꼬질꼬질한 것이 입은 채로 며칠을 뒹굴었음이 민낯처럼 드러나 보였다. 그러나 그들의 눈은 달랐다. 증오와 결기를 뿜어내는 강렬했던 그들의 눈빛을 나는 지금도 잊을 수 없다. 이 사람 저 사람이 두서없이 나서서 주소와 직업을 물었고 이곳을 벗어

나려는 이유를 캐물었다. 두렵고 떨려서 대답은 더듬고 손바닥은 축축해졌다. 취조받는 범죄자가 된듯했다. 아무 탈 없이 풀려났다. 그들도 시민군으로 나서기 전에는 평범한 시민이었으리라.

그때는 광주의 진실이 무엇인지도 몰랐지만 그 뒤로 오랜 세월 동안 내가 본 몇 가지 사실마저도 그대로 전하지 않았다. 간혹 물어오는 사람이 있어도 모르쇠로 일관하며 입을 굳게 다물었다. 나는 목구멍이 포도청인 서른 살의 가장이자 공무원일 뿐이었다.

그들에게 등을 내주고 걷는데 마음이 개운치 않았다. 그들의 총 다루는 솜씨가 서투른 것으로 보아 훈련을 제대로 받지 않은 사람들이 분명했다. 멀리서 희미한 총소리가 들려왔다. 문득 불길한 생각이 스쳤다.

'저들이 그냥 연습 삼아 총을 쏜다면?'

총구가 내 등을 향하고 있는 것처럼 느껴졌다. '내 등이 저들의 표적이 되었다.'는 생각에 이마엔 식은땀이 흐르고 등골에도 주르르 땀이 흘렀다. 가슴은 쿵쾅거리고 다리는 후들거렸다. 뒤를 돌아볼 용기도 없었다.

'300m 정도만 가면 안심인데….'

거기쯤에서 도로는 곡선으로 꺾였다. 빨리 가려고 뛰면 도망치는 것으로 간주하고 정말 쏠지도 모른다는 생각에 태연한 척 천천히 걸었다. 마음은 냅다 달려가면서도 몸은 느긋하게 하려니 다리가 꼬이고 걸음걸이가 불편하였다. 도로가 꺾어지는 지점까지 300m가 왜 그리 길고도 먼지. 거리는 여간해서 당겨지지 않았다. 발걸음은 앞으로 내딛지만, 촉각은 등뒤에 쏠려있는 탓에 오히려 뒤로 가는 느낌이 들었다. 행여 저들이 사격한다 해도 가방에 맞으면 책 덕분에 무사할 것 같아서 가방을 어깨에 둘러메었다. 가방 손잡이를 오그려 쥔 손끝이 아팠다. 무의식중에 입에선 신음처럼 기도가 튀어나왔다. 내 생각은 죽음 직전으로 치달렸다. 삶과 죽음의 갈림은 순간이 아니던가. 콧잔등을 타고 눈물이 흘러내렸다. 가족들이 너무나 보고 싶었다.

'내가 여기서 죽으면…?'

그렇게도 소중했던 직장이며, 친구며, 심지어 어머니까지도 까맣게 생각나지 않았다. 오직 아내와 세 살 난 큰애 그리고 아내 뱃 속에 있는 둘째만 생각났다. 어린 딸의 까르르 웃는 모습이 도로를 덮었다. 나도 모르게 걸음이 빨라졌다. 길고도 멀었던 300m의 고속도로 위에서 만났던 죽음. 그 죽음의 사자는 고속도로 진입로에서 만났던 시민군들처럼 나를 그냥 보내주었다. 아무 일도 벌이지 않았다. 다시는 서고 싶지 않은 무대에서 나 혼자 생각으로 벌인 모노드라마였지만, 지금도 그 생각이 나면 가슴이 쿵쾅거리고 호흡이 가빠진다.

멀리 피어오르는 노면의 아지랑이가 물구덩이처럼 보였다. 앞만 보고 걷다가 경운기를 만났다. 모여든 사람들이 서로 먼저 타려는 북새통 속에 용케 자리를 잡았다. 타지 못한 사람들에게는 또 올 것이라는 여운을 남기고 경운기가 출발했다. 출발하자마자 운전석 옆에 앉은 청년이 기름값이라며 천 원씩을 걷었다. 이십 명 가까운 사람들이 시루에 박힌 콩나물처럼 촘촘히 서서 잡을 곳이 없으니 서로 팔목이나 허리를 잡고 지탱했다. 털털거리며 얼마쯤 달렸을까. 그래도 걷는 것보다는 빨라서 출발했던 지점은 이미 시야에 보이지 않았다. 갑자기 경운기가 멈췄다. 모두 내리라는 것이다.

"이봐요! 약속이 다르잖아요. 장성까지 데려다준다고 했잖아요."

한 사람이 불만 섞인 목소리로 항의했다.

"여보쇼! 이거 왜 이래. 경운기가 고속도로로 다니는 거 봤어?"

경운기를 운전했던 청년이 되레 반말에 큰소리다. 돈을 걷었던 청년은 팔뚝만 한 막대기로 경운기 옆을 툭툭 치며 우리를 노려보았다. 말없이 노려보는 눈이 여차하면 한방 내려칠 것 같았다. 대차게 항의했던 사람이 오갈 든 표정으로 먼저 내렸다. 나머지 사람들은 대거리 한마디 못하고 시키는 대로 따랐다. 경운기는 오던 길을 돌아갔다. 아까 남겨진 사람들에게 약속을 지키러 갔으리라. 돈을 쓸어 담을 생각에 바쁘기도 했을 것이다. 세상은 무법천지였다.

다시 한참을 걸어 영산강 다리를 넘으니 군인들이 지키고 있었다. 통과하려는 사람은 빠짐없이 검문했다. 인근 지역 주민들만 통과시키고 광주 시내에서 빠져나온 사람들은 다시 광주로 돌아가라고 했다. 총기 유출을 막기 위해서 그렇다는 설명이었지만 손바닥으로 하늘 가리는 그 말을 누가 믿겠는가. 입소문이 두려웠던 것이다.

위험을 피해 나온 국민을 아무 대책 없이 다시 위험한 현장으로 되돌려 보내는 나라의 주인은 누구일까? 국민이 나라의 주인이라는 정치인들의 말은 듣기 좋은 수사이거나 입에 발린 공염불에 불과하다. 그때나 지금이나 집권자들은 국민을 주인이 아닌 나사못 정도로 생각하는 것 같다. 목숨을 걸어야 하는 어떤 결단과 선택의 순간에 자신과 가족보다 나라와 국민을 먼저 생각하는 권력자가 있기나 할까?

책임자로 보이는 대위 계급장을 단 군인은 사람들의 항의에 쩔쩔매고 있었다. 상부의 명령을 이행하려는 하수인의 고충이 역력하였다. 어떤 사람이 윗선을 들먹이며 강력하게 항의했다. 덕분에 그를 비롯한 몇 사람은 신원이 뚜렷하다는 명분으로 통과되었다. 공무원 신분을 밝힌 나도 함께 빠져나올 수 있었다.

군인들이 검문하던 지점을 지나 얼마 걷지 않아서 또 한 번의 행운이 찾아왔다. 외신 취재 차량을 얻어 타게 된 것이다. 그들은 광주 시내의 상황을 취재하기 위해 집요하게 물었다. 그러나 입을 굳게 다문 나는 그들이 바라던 취재원은 아니었다. 얼마 못 가서 길 위에 버려졌다.

그렇게 저렇게 걸어서 장성에 도착했다. 장성부터 정읍까지는 트럭으로, 정읍에서 전주까지는 버스를 타고 집으로 돌아왔다. 체험하기 쉽지 않은 일을 보고 겪었던 그날 하루는 왜 그리 길고, 길은 멀었던지….

나는 역사적 사실을 현장에서 목격했다. 기실 사실을 보았는지, 진실을 보았는지 잘 모르겠다. 사실과 진실은 서로 일치하지 않을 수 있고 하나의 사실에도 여러 개의 진실이 있을 수 있다. 증오와 결기를 뿜어내던 시민군의 강렬한 눈빛을 지금도 잊을 수 없다. 내가 본 광주의 진실은 핏발선 그 눈에 담겨 있었다.

수필, 그 후

친구 아들에게서 전화가 왔다. 어릴 적 한동네 살던 벌거숭이 시절 친구 K의 큰아들이었다. 무엇 때문에 아침 이른 시간에 전화했는지 대략 짐작이 되었지만 모른 척했다. 서로의 안부를 묻고 대화를 이어가는데 하고 싶은 말을 차마 꺼내지 못하는 머뭇거림이 느껴졌다. 눈을 감으니 전화선 저쪽의 표정이 보였다. 내가 먼저 말꼬를 터 주었다.

"그런데 무슨 일로 아침 일찍 전화했는가? 아버님에게 무슨 일 있어?"

"일은요. … …. 저어~ 혹시 아저씨께서 보내신 글, 우리 아버지 이야기죠? 그렇죠?"

"그래. 안 그러면 내가 뭐하러 자네에게 그런 글을 보냈겠

나."

친구 아들은 죄송하다며, 말씀해주셔서 고맙다며 처연함이 그들먹한 목소리로 인사를 하고 전화를 끊었다. 보이진 않았지만 연신 머리를 조아리며 죄송해했음이 분명하다. 전화를 끊고 나니 전화선처럼 배배 꼬였던 심사가 풀리며 마음이 편안해졌다.

어릴 적 친구들 모임에 나갔다가 그간 통 보이지 않던 K를 만났다. 그 친구는 오랜만에 나왔음에도 불구하고 모임 내내 말없이 술만 마시고 있었다. 항상 쾌활하고 큰 목소리로 좌중을 주도하던 평소의 그가 아니었다. 그렇게 보아서 그런지 표정도 아주 어두워 보였다. 중견기업의 임원으로 퇴직한 그는 돌아가신 부모에게 다시없는 효자였다. 두 아들도 잘 키워서 흔히 말하는 사 師 · 士 자 붙은 직업을 가졌으며, 둘 다 가정을 이루었고 서울에서 잘살고 있다. 무슨 걱정거리가 생긴 것일까?

다음날, 별 약속도 일도 없는 오후에 그를 불러냈다. 그는 조심스럽게 경제적으로 어려운 사정을 털어놓았다. 노후대책으로 조금 모아놓은 돈을 아들들이 결혼할 때 집 장만에 보태

주고 남은 건 달랑 아파트 한 채뿐이라고 했다. 사돈댁과 기울기를 맞추려니 어쩔 수 없었겠지. 국민연금과 본인의 기술자 수첩을 맡기고 받는 수당을 합해서 백 몇십만 원이 한 달 수입의 전부이니 그사이에 얼마나 쪼들렸을까. 남자의 기氣는 주머니 속에 있다며 먼저 계산하기를 마다하지 않던 호기로운 그였는데.

그나마 자기는 빚이 없어서 다행이란다. 자식들이 용돈이라고 몇십만 원씩 보내준다며 그 와중에도 아들 자랑을 한다. 금액이나 송금일이 정해진 것도 아니니 매양 기다리기만 할 뿐 재촉은커녕 안 보내도 그 이유를 물어볼 수도 없다. 자식들에게 부담을 줄까 봐서 숨을 죽이고 있는 것이다. 그렇게 좋아하던 골프도 끊어버린 지 제법 됐고 모임에도 나오려면 솔직히 회비가 부담될 정도였다니 그간 모임에서 자주 못 봤던 것이 이해되었다.

그 정도는 혼자 참아 낼 수 있다. 항상 보고 싶고 눈에 선한 손자들이 전주에 내려온다고 해도 걱정이고 아무리 보고 싶어도 왈칵 서울로 올라갈 수도 없다. 생활에 너무 큰 구멍이 생기기 때문이다. 속 모르는 자식들은 여러 이유를 대며 바람도 쐴 겸 한번 올라오시라고 성화란다.

"할아버지! 빨리 KTX 타고 와. 언제 올 거야?"

자식보다 더 예쁘고, 더 보고 싶은 여덟 살짜리 큰손자의 할아버지 할머니 서울 나들이 재촉에 울컥하여 일을 저지른 다음 가계의 구멍을 메우기 위해 허둥댄 것이 어디 한두 번이었던가. 그나마 영상통화라도 할 수 있어서 위안이 된다는 그의 말엔 삶의 어쩔 수 없음이 주는 자조와 씁쓸함이 그들먹하였다. 듣는 내 가슴을 미어터지게 했다. 아무리 그렇더라도 어떻게 그럴 수가 있을까…. 그렁그렁한 눈물을 차마 흘릴 순 없고 고개를 들어 천장만 봤다.

나는 K의 이야기를 〈아빠의 청춘〉이란 제목을 붙여 한 편의 수필로 빚었다. 그리고 그 글을 그의 아들 둘에게 보냈다. 나는 그의 아들들을 믿었다. 부모는 자식의 거울 아닌가. K의 지극한 효성을 몸으로 배우고 자란 그의 아들들은 결코 불효자의 줄에 설 수가 없을 것이다. 배운 것이 있는데. 그들이 불효해서가 아니라 아버지의 사정을 전혀 모르고 있음이 분명하지 싶어서였다.

자식들은 알아야 한다. 부모의 괜찮다는 말의 의미를. 괜찮아서 괜찮은 게 아니라 괜찮다고 해야 괜찮아지는 부모의 마음을 읽어내고 진짜 괜찮게 해드리는 것이 효도 아니겠는가.

또 부모가 더는 화수분이 아님을 알아야 한다. 생일 때, 명절 때 용돈 몇 푼 쥐여 주고 해외여행 보내드리는 것보다 자식이나 손주의 문안이 더 큰 기쁨임도 알아야 한다.

부모들도 알아야 한다. 대가를 바라지 않고 주기만 하는 가장 숭고한 사랑이 내리사랑이라지만 그것도 어지간해야 한다. 부모가 힘들고 어렵게 살기를 바라는 자식은 없다. 오로지 자식을 위하는 마음으로 자신의 어려움을 숨기고 힘들게 살면 속 모르는 주변 사람들은 자식이 불효한다고 수근댈 것이 분명하다. 내리사랑이 오히려 자식을 욕 먹이는 일이 된다면 그것도 아주 잘하는 일은 아니지 않은가. 자식에게 할 말은 하고 바랄 것은 바라는 것도 부모의 역할임을 알았으면 좋겠다.

"어이 친구, 자네 유리 집 잘 아는 데 있나?"

"뜬금없이 웬 유리 집?"

친구에게서 전화가 왔다. 아들들 내외가 모두 내려와서 법석을 떨고 손자들은 거실에서 야구를 하다가 큰 창유리에 금이 갔다는 것이다. 방금 모두 올라갔는데 집안이 폭탄 맞은 전쟁터 같다고 했다. 그런데도 목소리는 들떠 있었다. 그날의 그 목소리가 아니었다. 아들들이 생활비와 용돈을 월급처럼 제

날짜에 꼬박꼬박 보내기로 했단다. 한 달에 한 번은 서로 올라가고 내려오기로 했다고 자랑도 했다. 나는 이미 알고 있었다. 유리 집 타령은 자랑을 위한 말꼬임을.

내 수필 한 편으로 부모와 자식 간의 사랑을 이어주었다. 글쟁이가 된 뿌듯함이 봄날 개나리같이 화사하게 피어오르며 마음 그득 차올랐다. 가슴 안쪽에서 울리는 쿵쿵거리는 기차 바퀴 소리 같은 울림은 더 큰 감동을 기약하는 서막이리라.

상춘네 할머니

달포 전 어느 날 밤이었다. 저녁 산책길에 소공원 옆을 지나는데 "야 이 **놈아! 이런 *새끼가…." 하는 거친 욕설이 들렸다. 소리 나는 곳을 자세히 살펴보니 공원 배드민턴장 한쪽 어두한 구석에 중3이나 고1쯤으로 보이는 아이들 넷이 둘러서 있었다. 풀이 죽은 듯 고개를 숙이고 있는 한 아이를 세 아이가 둘러싸고 있는 모습이 심상치 않아 보였다. 거칠게 욕을 하던 아이가 고개를 숙인 학생의 정강이를 발로 걷어찼다. 순간, 내 안에서 뭔가 꿈틀하는 것이 있었다. 그러나 그건 마음뿐이었다. 우선 그 상황이 겁났다. 녀석들의 덩치는 내 마음속에 이는 파문보다 훨씬 더 크고 강해 보였다. 비겁하다는 생각이 들 틈도 없이 얼른 고개를 돌리고 걸음을 재촉했다. 마치 보아서는 안 될 것을 본 것처럼 빠른 걸음으로 공원길을 벗어나자 무거운 자책감이 밀려왔다. 휴대전화를 꺼내 112에 신고했다.

아이들 넷이 경찰순찰차에 실려 가는 것을 멀찌가니 지켜보면서 나의 신고가 빌미가 되어 행여 저 학생들이 학교에서 퇴학을 당하거나 전과자가 되는 일이 생기는 것은 아닌지 모르겠다는 생각이 들었다. '내가 괜한 일에 긁어 부스럼을 내는 것은 아닌지….' 슬며시 걱정이 피어올랐다. 경찰에 신고하기보다는 멀찌감치 서서 좀 큰소리로 직접 야단을 쳤으면 아이들도 일이 커지기 전에 슬금슬금 흩어지며 자리를 피해버리지 않았을까. 경찰에 신고하는 것만이 정말 가장 좋은 방법이었을까? 얼결에 신고는 했지만, 마음은 영 마뜩잖았다.

그 일이 있었던 며칠 뒤 친구들 모임이 있었다. 나는 며칠째 마음에 부담이 되었던 112신고 이야기를 털어놓았다. 이야기를 들은 친구들은 어른 노릇을 제대로 했다며 하나같이 나를 치켜세웠다. "요즘 세상에 청소년 싸움에 직접 끼어드는 어른이 어디 있느냐? 경찰에 신고하는 게 당연하다."고 입을 모았다. 그런데 가만히 듣고 있던 한 친구가 불쑥 한마디 했다.

"그렇게 잘한 일은 못 돼. 현명하지 못했던 거야. 생각해봐! 그 아이들이 자네에게 앙심을 품고 보복하려고 들면 어떻게 할 거야?"

듣고 보니 그럴법했다. 나에게 잘했다며 추어주던 친구들까지도 그의 말에 동조하며 "그러니까 그런 일은 아예 모른 척하고 피해버리는 게 요즘 어른의 상식이야."라는 말로 마치 판결을 하듯 논의를 마무리해 버렸다. 그렇지 않아도 어른 노릇을 제대로 하지 못했다는 자격지심에 찜찜했던 마음이 혹을 떼려다가 오히려 붙인 격으로 심기가 더 불편해지고 후회스러웠다. 이럴 때 상춘네 할머니라면 어떻게 하셨을까?

상춘이는 초등학교 시절 동네 친구다. 내가 살던 동네는 살림이 어렵고 궁핍한 사람이 많았던 도시 변두리 지역이었다. 동네에 쌀집이 세 곳이나 있었는데 그중에 네거리 모퉁이의 쌀집이 상춘이네 집이었다. 상춘이 아버지는 직장에 다녔으니 쌀집을 실질적으로 운영하는 사람은 할머니였다. 자그마한 체구에 허리까지 약간 굽어 키가 초등학생인 우리 또래들과 비슷했지만, 나이는 우리 동네에서 제일 많은 어른이셨다. 동네 사람들은 상춘이 할머니를 "호랑이 할머니"라고 불렀다.

어쩌다가 상춘네 집에 놀러 가면 우선 신발 벗는 것을 주의해야 했다. 삐틀삐틀 벗어놓은 신발은 상춘이 할머니가 여지

없이 담 밖으로 던져버리기 때문이다. 친구들끼리 놀면서 욕을 하다가 들키면 그 자리에서 눈물이 쏙 빠지게 혼쭐이 났다. 그래서 상춘네 할머니에게 한 번도 혼을 나지 않은 친구가 드물 정도였다. 애들만 그런 게 아니다. 쌍둥이네 엄마와 옆집 아줌마는 머리끄덩이를 잡고 싸운 일로 둘 다 상춘네 할머니께 불려가서 크게 꾸지람을 듣고 오기도 했다. 동네에서 술주정을 부리던 말 달구지 아저씨가 상춘네 할머니 호령 소리에 꼬리를 내리고 슬금슬금 피하던 광경은 지금도 눈에 선하다. 그 아저씨는 동네 사람들이 은근히 피하는 왈패였지만 유독 상춘이 할머니 앞에서는 고양이 앞의 쥐였다. 상춘네 할머니는 동네에서 호랑이보다 더 무서운 어른이셨다.

상춘네 할머니에 관해 이야기하자면 빼놓을 수 없는 일화가 있다. 어느 날, 할머니가 가게 문을 닫고 밤 나들이를 다녀오는 데 가게 빈지문 한쪽이 열려있고 어느 남자가 쌀 포대를 자전거에 싣고 있었단다. 할머니를 보고 놀라서 피하려는 남자에게 할머니는 물었다.

"상춘이 애비 안에 있던가요?"

"예? 아~예. 돈은 상춘이 아버지한테 치렀구먼요."

할머니는 어련하겠냐며 그 남자가 반 가마니 남짓한 쌀 한

포대를 자전거에 싣고 떠날 때까지 전등을 비춰주었다고 한다. 다시 문단속하고 집 안으로 들어간 할머니는 이내 도둑맞은 사실을 알았다고 했다. 그리고 쌀집에 도둑이 들었다는 소문이 온 동네방네에 퍼졌다. 그러나 정작 피해를 본 할머니는 입을 다물었다. 전등을 잡아주며 얼굴까지 확인한 할머니는 그게 누구인지 알만도 한데 그에 대한 말을 일절 하지 않았을 뿐 아니라 도둑맞은 게 아니고 외상으로 주었다고 둘러대기까지 했다. 전등을 비춰줄 때부터 이미 도둑인 줄 알고 있었을지도 모를 일이다. 사람들은 그 도둑이 동네 사람 중 하나였을 거라고 수군거리면서도 누구인지는 끝까지 알지 못했다.

모임에서 친구가 했던 "요즘 어른의 상식"이란 말이 자꾸 되새김질 된다. 일반적인 사람이 다 가지고 있거나 가져야 할 지식 또는 판단력을 우리는 상식이라고 한다. 상춘네 할머니가 계시던 그 시절엔 사람이 사람 노릇 하고 어른이 어른 노릇을 하는 것은 당연한 상식이었다. 어른의 말씀은 다소 못마땅해도 일단 수긍하는 것이 도리였다. 그런데 세상이 변해서 이젠 상식이 통하지 않으니 어른 노릇 하기도 어렵게 되었다. 어른다운 어른도 찾아보기 힘들게 되었다. 존재와 행동의 가치는 때와 장소에 따라 달라진다고 하지만 달라져도 너무 달라졌다. 그렇다. 상춘이 할머니 시대는 간 것이다. 불의한 일을 보고도 일단 피하는 게 상식인 시대가 된 것이다. 그래서 상춘네 할머니가 새삼 더욱 크게 느껴지는 것인지도 모르겠다.

일부러 시간을 내어 동네 경찰 지구대에 들렀다. 그 아이들은 중학생들이었다. 청소년들 간의 단순한 다툼으로 조사되었고 그날 바로 훈방되어 각자 부모에게 인계되었다고 했다. 묵은 체증이 쑥 내려간 듯 마음이 후련해졌다.

우리 집 마트

며칠 전, 친구 부부가 찾아왔다. 그는 대학을 마치고 바로 서울 생활을 시작한 탓인지 고향인 이곳 전주에는 연고가 별로 없다. 가물에 콩 나듯 어쩌다가 찾는 고향이지만 딱히 찾아볼 만한 인척이 없으니 우리 집이 그의 고향 집 대신이다. 그의 부인은 올 때마다 주차장에 붙여 만든 손바닥만 한 텃밭에 큰 관심을 보였다. 이번에도 마찬가지였다.

"오이랑 고추가 참 많이 열렸네요. 어머, 여기 방울토마토와 호박도 있네…. 이거 다 무공해죠?"

많은 사람이 은퇴 이후의 삶으로 전원생활을 꿈꾼다. 풍광이 좋은 곳에 아담한 집을 짓고 텃밭과 정원을 가꾸며 유유자

적, 음풍농월하는 삶, 거기다가 마당이 너른 잔디밭이면 더욱 좋다. 가끔 손님이 오면 가든파티도 하고. 도시 생활에 지치고 피폐해진 마음을 회복하기 위해, 때로는 건강을 되찾기 위해 자연을 찾아 귀촌 귀농을 실행하는 이들을 이제는 주변에서 흔히 볼 수 있다.

나도 그랬다. 정년을 이삼 년 앞두고 시골로 찾아드는 귀촌의 꿈을 꾸었다. 그러나 가족들은 모두 반대했다. 생활의 불편이 가장 큰 이유였다. 편리함이 일상생활에 유용한 요건이기는 하지만 절대적 가치는 아니지 않은가. 그러나 가정의 행복을 지키기 위해서는 가족들의 합의가, 사랑이 제일의적 가치임은 틀림없다. 가정의 행복을 위해 가족들의 말을 따르기로 했다. 하지만 가족합의의 중요성을 들먹이며 쉽게 가족들의 의견을 따르기로 한 솔직한 속내는 나 스스로 '적응할 수 있을까? 해낼 수 있을까?'라는 걱정에 귀촌이 두렵고 불안했던 때문이었음을 고백하지 않을 수 없다.

귀촌은 내가 마음 내키는 대로 자연을 가까이 찾아가는 자동사의 개념이 아니라 자연이, 지역이, 지역 사람들이 나를 튕겨내지 않고 받아들여야 하는 타동사의 개념이다. 달콤한 낭만과 지역민의 따뜻한 환대는 귀촌 전에 꾸었던 꿈일 뿐 귀촌하는 첫날부터 살아온 세월과 정서가 다른 이들의 불필요한 관심과 은근한 텃세에 맞서야 한다. 몇 번의 굽실거림으로 이길 수 있는 텃세가 아니다. 텃세를 이기려면 진심으로 먼저 숙이고 져야 한다. 먼저 마음을 열고 주어도 얻기 쉽지 않은 것이 지역 주민의 마음이다. 마을의 정서와 문화를 받아들여 그들 속에 스며들고 동화되어야 한다. 뒷짐 지고, 헛기침하며 걸어서도 안 되고 시도 때도 없는 손님 초대와 분별없는 바비큐도 삼가야 한다. 마음의 섞임. 귀촌의 성공 여부를 가름하는 가장 중요한 요소다.

귀촌하면 먼저 유기농 친환경 채소의 자급자족을 꿈꾼다. 친환경 채소 농사의 절반은 잡초와 싸움이다. 잡초는 집 울안이건 밭이건 시도 때도 없이 장소도 가리지 않고 시비를 걸어오고 도발한다. 처음엔 가볍게 생각하고 일일이 뽑아주지만 뿌리까지 완전히 발본색원했다고 큰소리치고 일어나 뒤를 보면 먼저 뽑은 자리엔 이미 풀이 자라기 시작할 정도다. 잡초와 지겨운 싸움이 귀농에서 겪는 가장 큰 어려움이 아닐까 싶다. 아직까지 잡초와 싸워서 이겼다는 농부는 이 세상에 없다. 이기지 못할 바엔 적당한 선에서 공생을 타협할 수밖에.

이러저러한 이유로 귀촌에 실패하여 마음 버리고, 몸 버리고, 돈까지 버린 다음 다시 돌아온 주변의 친구나 지금도 고생하는 지인들을 보면서 그때 슬며시 물러섰던 나의 결정이 잘한 일이었다고 생각한다. 귀촌은 아무나 할 수 있는 일이 아니다.

상당 기간 꿈을 꾸며 준비해 왔던 나의 귀촌은 그렇게 막을 내렸다. 대신 시내에서도 공기가 맑은 완산칠봉 밑에 집을 짓기로 했다. 집을 지으면서 약간의 텃밭과 화단을 마련했다. 10평 이쪽저쪽의 텃밭에 담장 쪽으로는 감, 매실, 사과 등의 유실수를 심고 앞면으로는 채소를 가꿨다. 아쉽긴 하지만 자연에 가까이 다가가고자 하는 마음을 채우기에는 충분한 넓이였다.

상추, 고추, 오이, 가지, 호박, 들깨, 대파, 토마토 등을 심었다. 첫해에는 완전히 실패했다. 퇴비를 너무 많이 넣은 탓에 웃자라고, 작물이 물병에 시달릴 정도로 물을 준 농사 완전초보의 실력이 여실히 드러난 것이었다. 다음 해에는 전문 농사꾼인 옆집 아저씨의 훈수를 받아 그런대로 수확했다. 겨우 우리 집 식구 먹을 만큼 고추 몇 포기, 오이 몇 포기, 가지 몇 포기, 이런 식으로 조금씩 심었기 때문에 수확이라고 해봤자 별거 아니지만 우리 집 식탁에 제철 채소를 올리는 데는 부족함이 없었다.

텃밭은 내게 많은 것을 가져다주고 깨달음을 주었다. 토양 소독제나 제초제 같은 맹독성 농약은 물론이고 살충제, 살균제도 일절 안 쓰고 지은 무공해 채소를 식탁에 올리는 즐거움은 당연한 일이고 작물을 가꾸고 돌보며 얻는 마음의 힐링 효과는 측량할 길이 없다. 작물을 돌아보고 물을 줄 때마다 그들과 대화를 한다. 별로 못생긴 것을 표현할 때 사람들은 "호박 같다"고 하는데 호박을 보며 "그 말이 기분 나쁘지 않냐?"고 물으면 호박은 빙그레 웃으며 "내버려 두세요. 아무렴 어때요."라고 대답한다. 속 좁은 사람보다 나은 현명함이 배어 있다. 연신 이 작물 저 작물과 대화하다 보면 물을 뿌려주는 한 시간이 그렇게 행복할 수가 없다. 농사는 머리와 욕심으로 짓는 것이 아님도 알게 되었다. 농사짓는 데는 가방끈도 필요 없고 IQ150의 좋은 머리도 필요 없다. 하룻밤 벼락치기의 시험공부나 앞지르기 습성은 더더욱 필요 없다. 결과에 조급하고 더 많은 것을 얻으려는 욕심은 사람만이 가지는 사람의 DNA일 뿐이다. 파종이나 모종 이식은 단순한 농작업이 아니다. 마음을 뿌리고 마음을 옮겨 심는 것이다. 비와 바람, 햇볕과 벌

같은 곤충의 도움 없이 농사를 지을 수 없다. 자연의 현상은 인위적으로 조작할 수도 없다. 오직 도움의 기다림이 있을 뿐이다. 그래서 농부는 자연과 가까워지지 않을 수 없다. 농사는 자연을 몸과 마음으로 느끼고 절실한 기다림이 켜켜이 쌓인 경험으로 짓기 때문이다. 초등학교도 못 다닌 일자무식의 어머니들도 계절 따라 일기 따라 때를 놓치지 않고 일손을 준비하여 풍성한 결실을 이루었음을 보라. 그들은 농사를 지은 게 아니라 마음을 심고 마음을 키워낸 것이리라. 그러면서 마음 깊이 응어리졌던 한도 풀어냈으리라.

"안 되면 시골에 내려가서 농사나 짓지 뭐."

도시민들이 힘들고 어려울 때 흔히 하는 소리다. 나는 손바닥만 한 텃밭을 가꾸면서 이 말이 얼마나 말 같잖은 교만인가를 알게 되었다. 농사는 아무나 짓나. 얼마나 농민들을 무시하는 말인가.

칠월의 텃밭은 아주 풍성하고 맛이 넘쳐난다. 아내는 요리하다가 재료가 부족하면 나를 부른다.

"당신 마트에 좀 다녀와. 호박 하나, 가지 두 개, 고추 몇 개만 가져와."

돈도 주지 않으면서 마트에 갔다 오란다. 그것도 사오는 게 아니라 숫제 그냥 가져오란다. 그러나 나는 냉큼 일어나 실행에 옮긴다. 우리 집 식구들은 텃밭을 '우리 집 마트'라 부른다. 내가 마트 사장이기 때문에 돈도 계산도 필요 없다. 완전 무공해 채소는 바로 따다가 별걱정 없이 대충 씻어서 요리해도 맛이 다르다. 철 따라, 기분 따라 미각이나 영양도 달라지는 법 아니겠는가.

친구가 돌아가는 길에 상추를 소쿠리로 하나 되게 뜯고 호박과 가지 그리고 풋고추와 오이까지 한 보따리를 싸줬다. 덤으로 가는 길에 차 안에서 맛보라며 방울토마토까지 곁들였다. 친구 부인은 더 자주 와야겠다는 말로 고마움을 표시했다.

그와 같이 상추를 뜯고 고추를 따는 내내 그는 어릴 적 추억을 얘기하는 것으로 자신을 낳고 키워준 고향 집에 대한 그리움을 아련하게 채우고 토해냈다. 나의 텃밭이 그에겐 고향 집이었던 것이다.

이 도움이 어디서 오나

얼마 전 일이다. 신호가 점멸등으로 되어 있는 신시가지의 교차로를 직진으로 진입하는데 갑자기 섬뜩한 느낌이 들었다. 왼편에서 웬 차가 쏜살같이 달려오고 있었다. 상황판단이 되지 않았다. 엉겁결에 급브레이크를 밟았고 차는 그 자리에서 서버렸다. 왼편에서 달려오던 자동차도 끽소리를 내며 급정차를 했다. 꽝 하는 큰 충격이 없었기 때문에 '큰 사고는 아니구나.' 하고 안도했지만 가슴이 떨리고 다리가 후들거려 도저히 차에서 내릴 수가 없었다. 밖에서 누가 창문을 두드렸다. 정신을 수습하고 내려서 확인해보니 내 차와 그 차의 모서리가 거의 닿을 지경이었다. 글자 그대로 깻잎 한 장 차이였다. 누구의 잘잘못을 떠나 간발의 차이로 생사를 가를 수 있는 순간이었다.

살면서 강렬하고 절실했던 위기의 순간을 한 번도 겪어보지 않은 사람은 별로 없을 것이다. 그런데 그런 위기의 순간이 지나고 나서 생각해보면 그 순간을 어떻게 모면했는지 자신도 설명할 수 없을 때가 많다. 쉽게 잊히지 않을 것 같은 이번 일도 바로 그런 순간의 하나다. 그 순간에 어떤 끌림으로 옆을 보게 되었을까? 어떻게 그렇게 재빠른 발놀림으로 브레이크를 밟을 수 있었던가? 본능적인 행동이라고 답하기에는 무언가 조금 부족하다.

이번 일 뿐만이 아니다. 처음 자가용 승용차를 산 뒤로 거의 30년 동안 자가운전을 했다. 그동안 겪은 일촉즉발의 순간은 기억할 수 없을 정도로 많다. 그러나 지금까지 단 한 번의 접촉사고도 없었다. 사고 직전까지 내몰렸던 위험한 상황들을 어떻게 모면했을까? 나의 운전 기술이 뛰어나서 그런 것은 아닐 것이다. 운전습관이나 감각이 그리 좋은 편도 아니다. 그렇다고 단순히 운으로 돌리기에는 너무 긴 세월이 아닌가. 처음에는 당연한 것으로 여겨왔던 오랜 세월의 무사고가 이제는 '알 수 없는 어떤 힘이 나를 도왔구나.' 하는 생각으로 자연스럽게 바뀌었다.

나는 집안이 경제적으로 가장 어려울 때 결혼을 했다. 사글세 얻을 보증금조차 없어서 보증금 없는 월세방에서 시작했는데 그것도 시내는 월세가 비싸 버스로 반 시간 거리의 시외에 방을 구했을 정도였다. 아내와 맞벌이를 하며 한 푼을 두 푼으로 쪼개 썼다. 검약하며 알뜰하게 모으고 살뜰하게 굴린 덕분에 이제는 살림살이도 제법 넉넉해졌다. 경제적인 궁핍함 때문에 노년을 힘들어하는 친구들에 비하면 나는 정말 다행이다. 어디 이것이 절약만으로 가능한 일이던가. 새는 항아리에는 물을 담을 수 없다. 집안에 우환이 겹치거나 사고로 모아놓은 재산을 날리고 어려움과 싸우는 사람을 많이 보았다. 나가는 구멍이 크면 화수분인들 당할까. 그래서 옛 어른들은 "살림이 피려면 무엇이 도와도 도와야 한다."고 말씀하셨던 것 같다.

나는 공직을 은퇴하면서 새집을 짓기 시작했다. 새 인생은 그간 해보지 않았던, 하지만 하고 싶었던 일을 하고 싶었고 그 시작이 집 짓는 일이었다. 주변에서는 경험도 없이 어떻게 집을 짓느냐며 걱정 섞인 만류를 하는 사람도 많았다. 나도 그다지 확실한 자신감이나 치밀한 계획이 있었던 건 아니다. 그저 해보고 싶었다. 땅을 사고, 설계를 하고, 착공에서 준공까지 8개월 정도가 걸렸다. 가장 중요한 것은 그때그때 필요한 자금의 조달이었다. 미리 종잣돈을 꼬불쳐 놓은 것도 아니었다. 살고 있는 집을 팔고, 다소의 적금과 보험을 해약하고, 부족한 잔금은 임대보증금으로 충당한다는 주먹구구로 시작했다. 그런데 솥뚜껑으로 자라를 잡았든, 소가 뒷걸음질 치다가 쥐를 잡았든 결과는 아주 만족하게 잘 마무리되었다. 중간중간에 자금이 필요할 때마다 생각지도 않은 곳에서 알맞은 금액이 융통된 일, 추석을 앞두고 노임과 자재대 등 자금줄이 막혀 고심하고 있을 때는 내가 알지 못하는 누군가가 미리 준비해 놓았다는 듯이 몇 년간이나 팔리지 않던 집이 갑자기 팔려 크게 한시름을 놓았던 기억이 새롭다.

지나간 기억을 일일이 헤집으면 원치 않게 닥친 어려움 때문에 고통으로 밤을 새워야 했던 사건이 적지 않다. 눈에 보이지 않는 그 무엇이 사사건건 방해하는 것처럼 일은 배배 꼬이는데 일이 그렇게 꼬이는 원인을 알 수 없으니 너무 답답해서 벽에 머리를 짓찧으며 자학했던 경우도 있었다. 숨도 쉴 수 없을 만큼 답답하고, 동굴 속의 한줄기 햇볕 같은 활로조차 없는 막막함에 삶의 포기를 생각했던 일도 있었다. 그런데 지금에 와서는 악몽과도 같은 그 고통의 기억들이 잘 생각나지 않는다. 그때 왜 그랬던가를 곰곰 생각해야 겨우 단편적으로 떠오를 만큼. 그나마도 날이 갈수록 가물가물 희미해진다. 세월 탓도 있겠지만, 고통스러웠던 일마다 어느 순간 우연처럼 매듭이 풀리고 변통의 수가 생겨 막다른 지경까지 간 일이 없었기에 뼈에 사무치고, 가슴에 맺힐 정도에 미치지 못한 탓이라 여겨진다. 아마 그때마다 보이지 않는 어떤 힘이 나를 적절히 도왔으리라. 그렇다. 당연한 것처럼 보이는 사소한 일상까지도 나는 보이지 않는 도움 속에서 살아온 것이다. 도대체 이 도움은 어디서 오는 걸까?

세상에는 눈에 보이는 것보다 보이지 않는 것이 훨씬 많다. 인터넷에만 접속하면 모든 것이 다 있는 것 같지만 그래도 우리는 아는 것보다 모르는 것이 월등히 많다. 현상은 있으나 답이 없는 그것들, 그것을 우리는 신비함이라고 풀이한다. 신비神秘, 그것은 신의 영역이고 그래서 비밀이다. 인간의 한계를, 연약함을 인정하는 말이기도 하다.

이 도움이 어디서 오나? 그것은 신비다. 나는 내가 믿는 신, 하나님의 도우심으로 믿고 의지하며, 생이 끝나는 날까지 한결같은 도우심을 기도한다.

둘째 마당

지나가는 바람

어느 날의 길고 느린 오후

우리 집 화단은 매우 좁지만 일년초가 꽤 많다. 키가 작고 뿌리를 깊이 내리지 못하는 이 화초들은 잡초가 무성해지면 이내 기운을 잃기 때문에 수시로 살펴 김을 매줘야 하는데 한눈을 판 며칠 사이 개망초가 채송화 사이사이에 기세 좋게 올라와 있다. 뿌리째 뽑아버리려고 힘껏 잡아챘더니 채송화가 같이 뽑히고 말았다. 재빠르게 다시 심어 놓았지만, 말라 죽을 수도 있고 활착해도 몸살을 앓을 것이 분명하다. 흔히 있는 일인데도 오늘따라 속이 상한다.

잠시 허리를 펴고 우두커니 서서 꽃밭을 내려다본다. 아직도 개망초가 몇 포기 더 남아 있다. 잡초라 해도 아직 어린 것들이라 밉상은 아니다. 개망초도 꽃이 피면 예쁘긴 한데 워낙

번식력이 왕성해서 다른 화초들을 잡아먹고 말 것이다. 채송화보다 개망초가 덜 예뻐서 뽑는 것이 아니라 채송화가 개망초보다 연약해서 뽑는 것인지도 모른다. 저보다 연약한 것에 대해 마음이 쏠리는 것은 인간의 특질 중 하나가 아닐까. 이러한 마음이 아마 공자의 인仁이고 맹자의 측은지심惻隱之心이고 부처의 자비이고 예수의 사랑일 것이다. 다시 허리를 굽혀 조심스레 잡초를 뽑는데 이번엔 어머니 모습이 자꾸 떠오른다.

어머니는 수원의 동생 집에 사시다가 몇 년 전에 전주로 내려와 허리디스크 수술을 받았다. 퇴원할 때가 되자 어머니는 당연히 수원으로 돌아가시려 했지만 그럴 형편이 못 됐다. 우리와 함께 사시던 어머니가 수원의 막둥이 아들 집으로 거처를 옮긴 것은 23년 전이다. 그때 우리 부부는 맞벌이였고 아이들도 아직 어릴 때라 어머니의 도움이 필요했지만, 이제 막 갓난아이가 태어나서 어머니의 보살핌이 더욱 절실했던 동생네의 사정 때문이었다. 그런데 이번에는 동생네 집에서 어머니를 모실 수 없는 사정이 생겼다. 이번 기회에 우리 집에서 모시지 않을 수 없게 되었다.

어른을 모시는 일이 어디 그리 쉬운 일인가. 우리 부부도 환갑을 넘은 나이에 갑자기 노모를 모시는 일이 새삼스럽고 녹록지가 않았다. 어머니도 불편하긴 마찬가지인 듯했다. 내 딴엔 하노라고 하는데 왠지 찬물에 기름처럼 우리 모자는 서로 겉돈다는 느낌을 지울 수가 없었다. 아내도 어색한 분위기를 바꿔보려고 꽤 고심하는 눈치였다. 시간이 가면 어머니도 쾌차하고 분위기도 나아지려니 했는데 어머니는 수술 후유증으로 좀처럼 기력을 찾지 못하셨고 아내든 나든 둘 중 하나는 집을 비워둘 수 없는 상황이 계속되었다. 어머니는 우리가 들고 나는 것에 유독 예민하셨다. 그 점이 가장 난감했다. 나는 체질적으로 나다니길 좋아하기 때문에 눈치코치 안 보고 외출을 했지만, 아내는 필요할 때 외출을 할 수가 없었다. 게다가 어머니는 기억력까지 흐려져 이상한 얘길 자꾸 하셨다. 검사 결과 짐작한 대로 치매 초기라고 했다. 그러던 와중에 어머니가 병원으로 가시겠다고 하셨다.

"현관문을 마음대로 열 수가 있냐, 어디에 뭐가 있는지도 모르겠고, 전기레인지 하나도 어떻게 켜는지를 모르니 내 마음대로 할 수 있는 일이 하나도 없다. 내가 손님 같아서 너희 집이 싫다."

자식에 대한 불만으로 어깃장 놓는 말씀인 줄 알기에 며칠을 두고 설득하다가 결국 요양병원으로 모셨다. 처음엔 적응과정에서 입 · 퇴원을 반복하고 병원을 바꾸는 우여곡절이 있었지만, 지금은 어머니도 만족스러워하신다.

"애비야, 여긴 참 좋다. 조금만 아프다고 하면 의사가 득달같이 달려오지, 매일 물리치료 해주지, 거기다 친구들도 많으니 이보다 좋은 곳이 없다."

새로 옮긴 병원에서 어머니는 치매가 아니라 노인성 우울증이라는 새로운 진단을 받았다. 치료를 받으면서 정신도 맑아지셨다. 나는 병원이 더 좋다는 어머니 말씀을 그대로 믿었다. 어머니가 원하는 대로 해드리는 것이 효도 아니겠는가

가끔 어머니를 집으로 모셔온다. 며칠이라도 편히 모셔 보려고 그렇게 하지만 어머니는 하룻밤 주무시고는 요양병원으로 데려다 달라고 하신다. 하루만 더 계시라고 하면 어린아이처럼 막무가내로 졸라댄다. 이제 요양병원이 어머니의 집이 된 것이다.

지난번엔 병원에 모셔다드리고 나와 복도를 몇 발짝 걷다가 할 말이 생각나서 다시 돌아섰다. 어머니는 야윈 등을 보이며 벽을 향해 바싹 웅크리고 누워계셨다. 그 남루하게 오그라든

육체는 그지없는 고독을 발산하고 있었다. 그때 갑자기 가슴이 철렁하면서 어머니가 이곳이 더 좋다고 한 말은 진심이 아닐지 모른다는 생각이 드는 거였다.

어머니의 바느질 솜씨는 처녀 시절부터 소문이 났었다고 한다. 우리 집 살림이 몹시 쪼들릴 때 삯바느질을 시작하셨다. 나는 그게 궁상맞게 보였고 창피했다. 살 만해졌을 때에도 어머니는 앉은뱅이 재봉틀을 손에서 놓지 않으셨다. 취미 생활이라면서 아들, 며느리 한복도 지어주고 고운 색깔의 모시를 잇대어 만든 상보를 만들어 주변에 선물하는 것을 즐기셨다. 가끔 모르는 여자들이 어머니를 찾아오곤 했는데 바느질감을 가져오는 듯했다. 나는 그때마다 신경질을 내며 어머니를 말렸다. 내 성화에 못 이겨 어머니는 결국 재봉틀을 손에서 놓았다. 난 그게 효도라고 믿어 의심치 않았다.

얼마 전 어떤 모임에서 일이다. 여자 회원 하나가 입고 온 옷을 자기가 직접 만든 것이라고 자랑했다. 그러자 다른 여자 회원들이 모두 칭찬을 했고, 만드는 과정을 찬찬히 설명하는 그녀의 표정이 무척이나 행복해 보였다. 순간 나는 뒤통수를 한 대 맞은 듯했다. 어머니도 바느질하는 그 시간이 행복했을지 모른다, 당신 솜씨에 감탄하는 사람들 앞에서 뽐내며 뿌듯한 마음이 들었을 것이라는 생각이 섬광처럼 스치는 순간, 명치 언저리가 묵직해졌다. 밥을 먹을 수가 없었다. 모임 자리를 슬며시 빠져나와 꽤 먼 길을 걸어 집으로 돌아왔었다.

나는 슬그머니 평상으로 가서 걸터앉았다. 참 같잖은 게 인간이다. 연약한 것을 돌보는 마음이 인간의 특질이라고 앞에서 말한 것은 궤변이다. 인간은 다만 소유욕이 강할 뿐이다. 그 어떤 동물보다 강한 소유욕과 집착이 인간의 특질이다. 결국, 꽃밭을 가꾸는 것도 소유에 대한 욕망이며 아름다움이라는 환상에 대한 집착일지 모른다. 약자를 돕는 것조차 남의 눈에 멋지게 보이고 싶은 과시욕일 뿐 그렇게 숭고한 자비나 사랑이 아닐지도 모른다. 적어도 내가 어머니를 모시는 방식은 그랬던 것 같다. 바느질을 그만두게 한 것도 내 체면이 우선이었고 어머니의 침침한 눈을 걱정한다는 말은 남에게 보이려는 핑계에 불과했다. 어쩌면 모든 인간에게는 나 자신보다 남의 눈을 더 의식하며 핑계를 만들어 내고 그것을 정당화 하려는 유전자가 흐르고 있을지도 모른다. 인간의 진화라는 것도 헤집어 보면 남의 이목을 의식한 끝없는 과시욕에 오래도록 중독된 결과물일 수도 있다. 인간의 비극은 남의 눈에 비치는 나만 보다가 자기 삶은 내팽개치고 타자의 삶을 살아간다는 데 있는 것 아닐까 싶다.

그나저나 어머니는 아무 탈 없이 잘 계신지 모르겠다. 어머니께 며칠째 가지 못했다. 바빠서, 어제도 그제도 분명 바빠서 가지 못했는데 뭐가 그리 바빴는지는 잘 기억이 나지 않는다. 지금이라도 갈까? 아니야. 가더라도 낮잠 한숨 자고 가지 뭐. 거실로 들어가 사지를 펴고 누웠지만 잠은 오지 않는다. 오늘따라 오후 시간이 왜 이리도 길고 느리기만 한지….

지 애비 닮아서

내 책상 서랍 안에는 주판 하나가 있다. 나이가 70살은 너끈할 다섯 알짜리 주판이다. 전자계산기에 밀려 불과 3~40년 사이에 역사의 유물이 되어버린 물건이지만 내가 한창 왕성하게 일하던 1980년대까지도 주판은 아주 유용한 계산 도구였다. 숫자 계산이 필수인 사람에게는 군인의 소총처럼 반드시 가지는 개인화기였다. 주판의 마지막 세대라고 할 수 있는 나는 네 알짜리 주판을 썼으니 다섯 알짜리는 그보다 앞대에서 썼음을 짐작할 수 있다. 바로 아버지께서 쓰시던 주판이다. 주판 뒷면에 조각칼로 새겨진 아버지의 휘자諱字가 또렷하다. 내가 간직하고 있는 유일한 유품이기에 아버지의 상징 같은 물건이다.

"아범은 나이가 들수록 어쩌면 니 애비를 똑 닮아 가냐. 그래서 씨도둑은 못하는 것이여."

어머니 말씀이다. 중얼거리듯 혼잣말처럼 끝을 흐리는 어머니의 말이 귀에 쏙 빨려들지 않고 한참이나 귓바퀴에서 머뭇거리다 들어온다. 말뜻은 훤하지만 달갑지 않기 때문이다. 어머니는 나를 보며 아버지를 회억했음이 분명하다. 두 분의 금슬이 그리 나쁘진 않았지만 어머니는 아버지를 많이 못마땅해하셨다. 평소 아버지를 받드시던 모습에 비추어볼 때 증오나 경멸이 아닌 불만이었다. 우리 형제들이 뭔가 잘못했을 때마다 "지 애비 닮아서…."라는 말을 입에 달고 쓸 정도로 마뜩잖은 것은 모두 아버지 탓으로 돌렸다.

어머니 말씀대로라면 아버지는 평생을 친구들과 어울리는 일로 세월을 보내셨다고 한다. 아버지는 집안 뒤주에 쌀이 있는지 없는지조차 모를 정도로 가정보다는 친구들과 교제하는데 더 큰 비중을 두셨던 분이다. 그러다 보니 우리 집 살림살이는 근근부지僅僅扶持를 면치 못했다. 아버지가 공무원으로 웬만한 직위에 있고 부잣집 소리를 들었지만, 무늬만 그럴 뿐 옆집으로 돈을 꾸러 가는 일이 자주 있을 정도로 항상 경제적으로 쪼들렸다. 당시 내가 가장 수치스럽고 싫었던 심부름 중 하나가 외상이고, 돈 빌리러 가는 일이었다. 아버지는 몰랐겠지만 어머니는 그렇게 빌려서라도 티 없이 가계를 꾸려야 했다.

고등학교 1학년 때, 아버지가 갑자기 직장을 그만두시는 사건이 생겼다. 그렇지 않아도 옹색했던 우리 집 형편은 더욱더 어려워졌다. 날이 갈수록 오그라들고 쪼그라졌다. 수업료를 못 내서 제때 졸업을 못 했다. 짧지 않은 인생에서 가장 어렵고 힘들었던 때였던 것 같다. 내 손으로 돈을 벌어 다음 해에 3학년을 한 학기 더 다니고 동기동창들보다 1년 늦게 고등학교를 졸업했다. 마냥 하늘을 날아도 시원찮을 학창시절의 꿈은 펼쳐보지도 못하고 구겨진 휴지처럼 버려질 수밖에 없었다. 이러한 일들은 내 마음에 상처로 남았고 이 상처는 화끈거리는 아픔이 되어 아버지의 존재를 좋지 않은 모습으로 내게 상기시켰다. 나는 아버지가 싫었다. 아버지같이 살고 싶지 않았다. 아버지 닮았다는 소리조차도 듣기 싫었다.

또 새봄이 왔다. 스물일곱에도 왔고 마흔일곱에도 왔던 봄이 예순일곱에도 왔다. 내 딸이 엄마가 되고, 나는 할아버지가 되도록 봄은 한 해도 거르지 않고 왔다. 수십 번의 봄이 엎어지고 포개져서 제법 높이를 잴 만한 세월의 덕인지 널뛰는 마음을 스스로 다잡아 가라앉힐 만큼 품도 넓어지고 삶의 졸가리도 알게 되었다. 제법 먼 길을 걸어왔다. 살아온 이력을 돌아보며 여유를 가지고 조금 떨어진 시선으로 나 자신을 들여다보니 이게 웬일인가? 오지랖 넓고, 친구 좋아하고, 퍼주기를 즐기신 아버지와 크게 다르지 않다. 닮지 않겠단 결심은 바람이었을 뿐 아버지의 자취를 눈에 찍힌 발자국 따라 걷듯 용케도 밟아왔다. 내가 실패한 삶으로 단정 짓고 절대 닮지 않으려 했던 아버지의 전철을 내가 밟았다면 결국 내 삶도 실패했다는 건데….

누구에게나 그늘과 허물은 있기 마련 아닌가. 내 아버지의 다른 면을 들여다보자. 검색창에 단어 하나만 치면 사람이든, 사물이든 지식이든 뼛속까지 깡그리 검색되는 시대에 살고 있지만 아버지 시대의 아버지는 그렇게 편하게 검색되고 이해되지 않는다. 기억을 가로 세로로 가르마 타며 뒤적이고 헤집어도 아버지의 속내를 맞춤하게 들여다본다는 건 사실상 불가능할 터. 좋았던 기억들을 모아서 이미 각인된 나쁜 기억과 저울질하는 것으로 아버지의 삶을 보다 공평하게 들여다보아야겠다.

좋았던 기억들. 나쁜 기억에 치여서, 어머니의 "지 애비 닮았다."는 말에 묻혀서 저 깊은 구석에 처박혀 축축하고 눅눅해진 기억들을 꺼내 수북한 먼지를 털고 햇볕에 쬐어 말리니 좋았던 일들도 그 수가 제법 쏠쏠하지 않은가. 아버지가 바깥양반으로 가정에 소홀했다고 해서 자식들에게 무관심했던 건 아니었지 싶다.

여름철, 내 친구들을 모두 불러놓고 지나가던 아이스케키 장사의 케키통이 텅 빌 때까지 원도 끝도 없이 먹여주며 내 기氣를 살려주셨던 일. 중학교 2학년에 올라간 신학기 때 《한국문학백선》이라는 문학 전집을 사주시며 책 읽기를 강조하셨던 일 등등의 회억에서 과잉애정도 무관심도 아닌 일정 거리를 유지하는 위엄 있는 사랑의 아우라가 느껴진다. 사랑 표현에 그렇게 인색하지도 않았던 아버지였다. 무엇보다 나는 아버지께 매를 맞거나 손찌검을 당한 경험이 한 번도 없다는 대목에서 아버지의 품격에 덤을 한 사발 더 얹힌다. 추상의 관념인 줄만 알았던 사랑이, 부성애가 이렇게 구체적인 형태로 나타나기도 했었음을 이제야 느끼다니.

그런 아버지를 나는 왜 싫어했을까? 이제라도 아버지의 삶을 제대로 들여다보는 새 눈을 가져야 한다. 인간적 면모에 돋보기를 들이대고 꼼꼼하게 살펴야 한다. 내 삶이 결코 헛되거나 잘못 살지 않았다는 것을 증명하기 위해서라도.

우리 시대의 아버지들이 대개 그랬듯이 남자란 모름지기 집안일은 몰라야 대장부고 바깥일만 잘 챙기면 되었다. 아버지는 직장 일을 아주 맵차게 하시는 바깥형 남자였음이 틀림없다. 또한 모두가 쪼들렸던 그 시대에 상대적으로 조금 여유 있던 아버지가 먹고사는 문제로 어렵고 힘든 친구들을 위로하는 일도 그중에 하나였으리라. 남에게 싫은 소리 못하고 어지간하면 손해 보고 마는 내 성격도 아버지 것의 줄 내림이니 아버지도 그랬겠지.

간단하지도 단순하지도 않은 한 사람의 일생을 두고 남의 잣대로 성공했느니, 실패했느니 할 수는 없다. 또 아버지를 아버지답게 하는 것이 어찌 가정에만 있으랴. 이 세상에 시시한 사람은 많아도 시시한 아버지는 없는 법. 막상 내가 아버지로 살아보니 이 말의 의미와 이유가 훨씬 단순해지고 명료해졌는데도 아버지의 일생을 실패로 규정하는 건 나의 일방적인 폭력이지 싶다. 젊은 날엔 몰랐던 관점이다. 나이 먹음이 이래서 필요한 걸까.

내 자식들도 분명 나를 재고 있을 것이다. 아이들 가슴에 생채기를 남기는 아버지가 아니었으면 좋겠다. 행여 내가 아버지를 보았듯이 나를 그렇게 보고 있다 해도 자식들이 내 나이쯤 되어서는 내가 젊은 날에 가지지 못했던 관점을 가지게 될 테니 크게 걱정할 일은 아니다. 깨달음은 더디 오는 법이니까.

나는 안다. "지 애비 닮았다."라는 어머니 말씀의 의미를. 가신 지가 사십 년이 넘었으니 기억도 아슴아슴하련만 결코 잊을 수 없는 아버지의 모습을 나에게서 찾는 어머니 마음이 애틋하다.

책상 서랍을 열었다. 누운 자세로 나를 올려다보는 주판을 물끄러미 보다가 나직이 불러 본다.

"아버지."

내일은 아버지께 다녀와야겠다. 40년을 훨씬 넘게 늘 그래 왔던 것처럼 말씀도 없으시고 흔적조차 있는 듯 없는 듯 조용히 누워만 계시는 그곳에….

칸트에게 보내는 편지

매일 아침 일곱 시만 되면 우리 집 앞을 지나가는 청년이 있다. 늘어진 어깨에 힘없는 걸음걸이로 고개를 숙인 채 천천히 걷는 그의 모습을 보면 늘 같은 시각에 산책했다는 철학자 칸트가 떠오른다. 그래서 나는 그를 '칸트'라고 부른다. 어깨에 멘 가방은 버거워 보이고 귀는 항상 커다란 이어폰으로 덮여 있다.

같은 시각, 같은 장소에서 여러 번의 눈 맞춤으로 그와 나의 인연은 이어졌고 어느 날부턴가는 목례를 나누는 사이로 발전했다. 길에서 마주치는 동네 어른에게 말 없는 눈인사나마 예의를 갖추는 청년이라면 그는 건실하고 바르게 자란 사람이 분명했다. 나는 그 청년이 좋게 보이고 괜히 마음이 갔다. 그런데 그가 달포나 보이지 않았다. 처음엔 크게 의식하지 못했던 일인데 그의 보이지 않음이 몹시 궁금해지고 혹시나 하는 자발스런 걱정으로 애틋해질 무렵 그가 돌아왔다. 반가움이 앞서 이것저것 따지지 않고 우리 집 앞을 지나는 그를 불러 세웠다. "학생!"이라는 부름으로 말꼬를 텄다.

그는 역시 예의 바른 청년이었다. 동네 아저씨로 매일 뵈었지만, 미처 인사를 못 드렸다는 그의 공손한 응대에 힘을 얻어 눈치도 보지 않고 그간 궁금했던 몇 가지를 물어보았다. 시르죽은 겉모습과 달리 눈빛에는 윤슬 같은 반짝임이 있고 결곡한 태도가 단단한 것이 내 느낌과 다르지 않았다.

그는 우리 집에서 두 블록 아래 주택에 살고 있으며 27세이고 대학교 4학년을 휴학 중인 취업준비생이었다. 시험 준비 때문에 서울 노량진에서 한 달 넘게 특강을 듣고 왔단다. 공무원 시험을 준비하고 있는 그는 내가 공무원으로 정년퇴직했다고 하니 눈을 반짝이며 오히려 몇 가지를 물어왔고 요즘 젊은이들의 어려움에 관해서 서로 편하게 이야기를 나누게 되었다. 대화 중에 그가 당연하다는 어투로 말을 받았다.

"아저씨, 저희는 오포세대지 않아요."

말끝에 씁쓸한 미소를 지었지만, 그의 말에는 까칠한 반감과 건들기만 하면 툭 터질 듯한 불만이 물씬했다.

오포세대五抛世代. 국립국어원이 2015년에 발표한 신어新語다. 취업난과 생활고 때문에 연애, 결혼, 출산, 인간관계, 내 집 마련의 다섯 가지를 포기한 세대를 일컫는 말이다. 아무리 시대가 어렵다고 해도 아주 잘나가는 청춘도 많고, 결혼과 출산같이 인생에서 당연한 것처럼 여기는 그것들을 거부하는 젊은이도 적지 않을 것이기에 이 땅에서 오늘을 사는 청년 모두를 오포 세대의 한 테두리 안에 싸잡아 단정하기는 어렵다. 그러나 취업이 청년의 지상 목표가 돼버린 시대가 아닌가. 간절히 원하면서도 어쩔 수 없어서 억지로 포기해야 하는 청춘들은 오포를 넘어 꿈과 희망까지 포기해야 하는 '칠포세대七抛世代'라고 자신을 스스로 자조하고 자학하는 모습이 요즘 대다수 젊은이들 삶의 바탕화면임을 어떻게 부정할 수 있으랴.

그는 많이 늦었는지 예의 그 걸음걸이가 아닌 잰걸음으로 떠났다. 내가 답을 주거나 위로와 격려를 미처 전할 수 없었던 오포세대란 그 말을 남기고.

오포세대. 귀에 익숙할 만큼 들은 말인데도 '칸트' 그의 입에서 튀어나오니 생경한 충격이 되어 가슴이 빼근하게 아파진다. 나는 취직하지 못한 자식이 없는 탓에 남의 일처럼 여겼던 무관심이, 좋은 시절에 태어나서 혼자만 잘 먹고 잘산 것 같은 미안함이 내 마음에 생채기를 낸다. 이 생채기가 줄곧 제 존재를 내게 상기시킨다. 오늘날 이 땅에 사는 청년들이 새삼 안타깝고 무참하다.

내가 건실하고 야무진 청년 '칸트'에게 무슨 말을 해줄 수 있을까? 무슨 말이 그에게 도움이 되고 위로가 될 것인가? 그에게 당장 약이 될 말이 마땅찮다.

칸트여, 사람이 산다는 게 뭐냐? 태어나서 몸이 커지고 졸업하고 취직하고 혼인하고 자식 낳고 자식 키워서 또다시 자식 취직시키고 결혼시키고 그러다 은퇴하고, 아프고 병들어 죽는 것, 그것이 보통의 인생 아니냐. 너는 이 말에 동의하지 않겠지. 그게 인생의 전부라면 존엄해야 할 인생이 너무 초라할 테니까. 나도 젊어서는 그랬다. 그러나 결국은 내 부모가 섰던 자리에 내가 서 있다고 해서 내 삶을 누추하다고 할 수 있겠느냐? 시시함을 시시하게 여기지 않았으면 좋겠다. 인생에서 미래란 어느 날 갑자기 짠하고 나타나는 것이 아니다. 시시한 것 같지만 사소한 일상의 반복에서 미래가 준비되고 만족이 숨어 있으며 인생이 완성됨을 받아들이자. 지금은 비록 웅크린 젊음이고 주눅 든 청춘이지만 결코 젊음을 한탄과 포기로 탕진하지 마라. 지금의 아픔을 견뎌라. 죽을힘을 다해 이겨내라. 사람이란 누구나 고난을 겪으며 강해진다. 밟히면 죽지 않기 위해 질겨지는 법이다.

나는 칸트, 너에게 인생을 긴 안목에서 보라든지, 젊음은 현존하는 미래인 만큼 내일에 대한 희망과 꿈을 가지고 호연지기를 기르라는 말을 하고 싶지 않다. 당장 취업 때문에 내 코가 석 자인 너에게 그런 말 해봤자 '꼰대'의 잔소리가 될 뿐이니까. 대신에 나는 너에게 부담을 지우고 싶구나. 어떻게든지 공무원 시험에 합격하고 취직에 성공해라.

이렇게 말하면서도 한편으로는 걱정이 된다. 너도나도 취직하고 돈 벌고 결혼하고 날씬해지고 예뻐지는 일 외엔 별 관심도 흥미도 없는 허깨비 같은 세상에서 바람에 날리는 검정 비닐봉지같이 가벼운 젊음이 돼버리는 게 아닐지 겁이 난다. 하지만 나는 칸트, 너의 우물물처럼 깊은 당당함과 자존감을 믿는다.

끝으로 현재만을 기준으로 너의 한평생을 가늠하지 말고 앞으로 수많은 형태로 변화와 변모를 거듭할 너의 모습을 생각하면 정말 좋겠다. 가끔은 한걸음 뒤로 물러나 너를 객관적으로 돌아보는 마음의 여유를 가지기를 부탁 한다.

황사로 누런 하늘에도 꽃잎은 난분분 날리고 있다. 이 봄에 치러지는 시험에서 그가 꼭 합격하기를 기도한다.

한 시간 반의 행복

오랜만에 온 가족이 함께 목욕을 다녀왔다. 우리 부부와 큰딸네 가족까지 합하니 모두 일곱 명이다. 나는 사우나 회원권이 있어서 거의 매일 다닌다. 아내와는 일주일에 한두 번 정도 같이 간다. 가족이 모두 같이 가는 날은 특별한 날이다. 겨우 일곱 식구밖에 안 되면서도 서로 시간을 맞추기가 여의치 않다. 거기다 미혼인 작은딸은 대중탕 가는 것을 꺼리는 편이다. 그런 탓에 오늘 같은 기회가 별로 많지 않다.

나는 딸만 둘을 둔 딸딸이 아빠다. 내가 원해서 단산을 했다. 아들이 없는 것 때문에 살면서 부족함을 느끼거나 서운한 생각 같은 것은 거의 없었다. 단 한 가지, 목욕탕에서 서로 씻겨주는 아버지와 아들을 보면서 부러운 생각이 들기는 했다. 나는 그들처럼 서로 때를 밀어주고 몸을 씻겨주며 핏줄의 정을 나눠본 기억이 별로 없다. 어려서는 일 년에 네댓 번 아버지와 형제들이 함께 목욕했다. 하지만 아버지의 등을 밀어드렸던 기억은 떠오르지 않는다. 어떤 이유로 그랬는지 잘 모르지만 사춘기 이후엔 아버지와 함께 목욕하는 것이 어쩐지 불편했다. 명절 직전에는 꼭 식구들이 함께 목욕을 갔는데 그때는 여러 가지 핑계를 대며 피했다. 그래서 어머니로부터 씻기를 싫어하는 아들이 되어 지청구도 많이 들었다. 아버님은 내가 군대 생활하는 중에 돌아가셨고 아버지와 목욕에 얽힌 기억도 여기서 끊어졌다.

아이들을 낳아서 키우는 동안엔 나 혼자 목욕을 다녔다. 딸애가 두 살이 되기 전까지 몇 번 데리고 간 적도 있었지만 거의 혼자였다. 혼자 목욕을 가면 등의 때를 미는 일이 가장 어려운 문제다. 그럴 때 도란도란 이야기를 나누며 서로 등을 밀어주는 부자父子가 부러웠다. 나도 나중에 사위를 얻으면 아들 삼아 저렇게 해야겠다고 생각했었다.

그런데 나의 바람은 여지없이 빗나가고 말았다. 처음으로 사위와 목욕을 같이 갔을 때였다. 나는 일상의 대화를 나누며 서로의 등을 밀어주는 상상을 했다. 나도 이제 비로소 이뤘다는 회심의 미소까지 지었지만 김칫국부터 마신 꼴이 되었다. 들어갈 때 보고, 나와서 보았을 뿐 목욕탕 내에서는 찾을 수가 없었다. 내 사위는 매사에 얼렁뚱땅하지 않고 꼼꼼하며 정확한 데다 어른을 어렵게 대하는 성격이다. 딸의 말을 빌리면 친부모에게도 그런단다. 그런 성격에 장인과 함께 목욕한다는 것이 얼마나 부담스러운 일이었을까. 아마 내가 사춘기 때 아버지와 함께 목욕하기를 꺼렸음에 비교할 정도가 아니니라. 칭찬해야 마땅한 좋은 품성이고 충분히 이해하면서도 내가 너무 많은 것을 바라는 탓인지 답답하고 아쉬울 때가 있다. 사위는 역시 사위일 뿐이라는 생각이 들기도 한다.

그래도 요즘은 손자랑 셋이 가게 되니 한결 부드럽다. 네 살짜리 손자랑 같이 목욕을 가면 "아빠", "할아버지"를 연신 불러대며 목욕탕을 휘젓고 다닌다. 다른 손님들에게 폐가 될까 봐 여간 신경 쓰이지 않는다. 손자 단속에 사위와 내가 합동작전을 해야 겨우 감당할 수가 있다. 그러다 보니 목욕탕에서의 나와 사위 관계도 훨씬 가까워진 것 같고 편해졌다. 그래도 사위는 아직 한 번도 내게 등을 내민 일이 없다. 오늘도 그랬다.

"아버님! 혹시 현금 가지고 오신 것 있으세요?"

목욕하다 말고 사위가 내게 와서 물었다.

"왜?"

"때밀이한테 때를 밀고 싶은데 지갑을 애 엄마가 가지고 있어서요."

"걱정 마라. 나한테 있다."

나는 선금을 주어야 한다는 말에 얼른 나가서 옷장을 열고 돈을 가져왔다. 사위가 내 자식이 된 이래로 내게 돈 이야기를 한 것은 처음이다. 얼마나 고마운 일인가. 오만 원짜리 한 장을 가져와 잔돈은 애들 음료수 사주라며 건넸다.

사위가 때를 미는 동안 손자는 내 차지였다. 저희 아빠만 졸졸 따라다니던 녀석이 아쉬우니 나에게 찰싹 따라붙는다. 나는 손자를 냉탕에 데리고 들어가서 수영을 가르쳤다. 물 깊이는 손자의 목까지 닿았다. 처음에는 무섭다던 녀석이 배와 가슴을 받쳐주자 곧잘 발차기를 해대며 손을 내저었다. 중간쯤에서 슬며시 애를 바닥에 세웠다. 놀라서 내 팔목을 붙잡고 늘어지던 손자가 어느새 적응됐는지 나보고 손을 놓으라며 혼자서서 걸어 다녔다. 그렇게 한 삼십 분이나 놀았을까. 내 마음 깊은 곳에서 행복감이 연기처럼 넓게 퍼진다. 어스름에 굴뚝을 넘은 연기가 낮게 깔리며 시골집 뒷마당을 하얗게 뒤덮었던 그것처럼 행복이 모든 시름을 덮어버린다.

딸에게 또 잔소리를 듣겠지만, 공중도덕쯤은 잠시 뒤로 미뤄뒀다. 딸은 내가 손자 손녀 버릇 나쁘게 만든다고 불평이 많다. 그런데 저도 할머니가 돼보라지. 예쁜 마음에 안 들어줄 말이 어디 있고 눈감지 못할 행동이 어디 있는가. 손자는 마냥 신나서 "할아버지 또 해줘." 하며 나를 재촉한다. 저희 아빠가 와서 인제 그만 나오라고 해도 막무가내다. 음료수 하나로 겨우 협상을 하여 데리고 나왔다. 그래도 나는 어느 때보다 행복하기만 했다.

목욕탕 입구에서 가족들이 여탕 남탕으로 갈리면서 시간약속을 했다. 아내와 딸은 두 시간을 주장했지만 나는 한 시간 이상은 답답하다. 한 시간 반 뒤에 만나기로 했는데 이럴 줄 알았으면 '두 시간쯤 뒤에 만나자고 할 걸….' 하는 후회가 밀려왔다. 손자와 목욕하는 한 시간 반. 근래에 가장 진하고 뿌듯한 행복에 배부른 시간이었다.

앞으로는 이런 기회가 자주 올 것 같다. 손자가 36개월이 넘어 이제 여탕은 출입금지이기 때문이다. 엄마나 할머니 따라 여탕으로 가는 것은 틀렸고 사위도 저 혼자 감당하기에는 만만치 않으니 나랑 같이 가기를 원할 것이 틀림없다. 얄팍한 속셈이 들통 나지 않게 표정 관리나 잘해야겠다.

골동품 경매시장 풍경

나는 집안에서 쓰던 물건을 잘 버리지 않는다. 자주 안 쓰거나 못 쓰게 된 물건도 버리기보다는 창고에 깊숙이 넣어두는 편이다. 딱히 어떤 목적이나 쓰임새가 있어서가 아니라 여간해서는 버리지 못하는 습성 탓이다. 그러나 아내는 헌 물건들을 곧잘 버린다. 구질구질한 것을 좋아하지 않는 성격 탓이다. 그런 아내가 유별나게 고가구古家具에 대해서만은 애착이 많다. 예스러운 고가구를 하나쯤 갖고 싶은 마음이 오래되었다는 것도 알고 있다. 고풍스럽고 널찍한 기와집에서 대가족이 살았던 처녀 시절의 향수가 고가구에 대한 유별난 사랑으로 나타나는 것 같다.

우리 부부는 가끔 고가구를 전문으로 취급하는 가게에 들러

눈요기를 하곤 한다. 나는 큰 관심이 없지만, 아내에 대한 배려의 뜻으로 군말 없이 따라다니는 편이다.

“여보 이것 봐! 이것은 우리 할머니 방 윗목에 있던 것과 비슷하다. 할머니가 살아계신다면 연세가 어떻게 될까?”

“….”

“저것은 연대가 얼마 되지 않은 것 같아. 엄마가 시집올 때 해왔다는 삼층장과 비슷해. 가운데 단이 내가 쓰던 칸이었는데….”

내가 대꾸를 하든 말든 혼자 중얼거리며 느낌을 쏟아내는 아내의 얼굴이 환하다. 마음은 어린 시절로 되돌아가 옛 기억을 더듬는 그녀의 모습에서 등 따습고 배부른 표정이 역력하다.

‘보는 것만으로도 저렇게 좋아하는데 하나쯤 가지게 되면 얼마나 행복해할까?’ 싶어서 주인에게 가격을 물어보면 웬만큼 눈에 들어오는 가구는 보통 2~3백만 원이 넘는다. 아주 오래된 골동품도 아니고 헌 가구를 뜯어서 나온 고재古材로 만든 가구가 그 정도라니…. 벌린 입이 다물어지지 않는다. 우리 집 형편으로는 분에 넘치지만, 아내의 좋아하는 모습에 무리를 해볼까 하는 마음으로 사고 싶으면 사라는 나의 말에 아내는 재빨리 현실로 돌아왔다. 좀 더 돌아보고 다시 오겠다는 궁색한 핑계를 눈요기 값으로 치르고 나오는 일이 여러 번 반복되었다. 일쑤 그렇기 때문에 안 살 줄 뻔히 알면서, 한번 해보는 립 서비스인 줄 알면서도 아내는 그 말을 과히 기분 나쁘게 생각하지 않는 눈치다.

우리 부부에게 고가구를 가질 좋은 기회가 찾아왔다. 그 방면에 조예가 깊은 시인 C 선생이 골동품 경매시장을 알려주었다. 골동품을 사서 깨끗하게 손질한 다음 상품으로 내다 파는 전문업자도 한 사람 알게 되었다. 골동품 경매시장의 사정과 흐름을 대충 알고 보니 전주 주변에도 여러 군데에서 거래가 이루어지고 있었다. 우리는 가까운 김제 원평의 경매시장을 가보기로 했다. 나는 아내가 원하던 것을 사 줄 수 있어서 좋고, 아내는 그토록 바라던 고가구를 가지게 된다니 얼마나 행복한 일인가. 차를 몰고 가는 동안 전혀 경험이 없는 경매시장의 풍경을 머릿속에 그려가며 서로 많은 이야기를 나눴다. 기대감이 얼마나 큰지 마음은 이미 공중을 둥둥 떠다녔다. 어떻게 경매에 참여하는지도 모르면서 사들인 가구를 어떻게 운반해 올 것인가를 걱정하는 꼴이라니…. 경매시장으로 가는 동안은 그 어느 때보다 따뜻하고 행복했다.

경매시장은 생각보다 시시했다. 허름한 창고 같은 데서 경매가 진행되었다. 물건을 가져온 사람들이 순서대로 경매 물품을 내놓으면 만 원부터 호가가 시작된다. 거기에 모여 있는 3~40명 중에 우리처럼 순수한 일반인은 몇 명 안 되고 대부분 골동품업자같이 보였다. 가장 높은 가격을 부른 사람에게 낙찰된다. 간혹 가장 높은 호가라도 출품한 사람이 원하는 가격에 못 미칠 때는 유찰이 된다. 출품자가 물건을 회수해버리기 때문이다. 경매는 출품된 물건이 모두 상장될 때까지 경매사를 바꿔가며 오랫동안 계속되었다. 경매사의 입담에 따라 가격이 왔다 갔다 할 때도 있는 것 같다. 경매장에 나온 물건은 우리 아버지, 할아버지시대의 사진첩, 교모校帽, 교복校服, 사모관대와 목기 오리 같은 혼례용품 일체가 들어있는 상자를 비롯하여 갖가지 잡동사니부터 족보, 놋그릇, 도자기, 고서, 고서화, 가구 등 아주 다양하고 수량도 많았다. 어떤 여자분은 놋그릇만 사들였다. 옛사람이 쓰던 목수 연장 일체가 들어 있는 상자는 비싼 값에 팔려나갔다. 그러나 낙찰되는 가격은 평소 골동품 가게에서 부르던 값과 아주 많은 차이가 났다. '저런 것을 사다가 어디다 쓰려고 그럴까?' 하는 쓸데없는 걱정이 앞서는 물건도 많았다. 골동품이 아니라 고물에 불과한 버려진 물건도 버젓이 상품이 되어 경매대에 올라 앉아있는 것이 골동품경매장이었다.

아내는 가구에 주목했지만 원하는 가구를 사들이지는 못했다. 바라는 형태의 가구도 없었고 처음 찾아간 사람이 대뜸 손을 들고 호가하는 것이 망설여졌기 때문이다. 분위기도 제대로 파악하지 못한 초짜가 겁 없이 냅뜨다가 혹시 무렴이나 당하지 않을까 하는 두려움이 앞선 까닭이다. 우리는 좋은 경험했다는 말로 서로를 위로하며 경매장을 나섰다. 낮술에 취한 듯 붉어진 석양이 마음 좋은 이웃집 아저씨 같은 얼굴로 배웅을 해주었다.

오는 길에 골동품을 사고파는 가게에 들러 반듯한 이층장을 하나 샀다. 하루의 풋내기 경험이 도움 되었는지 부르는 가격보다 절반 이하로 흥정했다. 아내가 처음으로 갖는 고가구다. 집안에 들여놓고 밤늦게까지 가구를 손질했다. 안팎에 소독약을 분무한 다음 내부의 종이를 모두 벗겨내고 한지로 도배를 했다. 송진기름으로 겉 때를 닦아내니 제법 광이 나고 아주 새 가구처럼 보였다. 다행히 장식은 멀쩡해서 손 볼 곳이 거의 없었다. 아내가 이렇게 좋아할 줄 알았으면 어떤 수를 써서라도 진작 장만해 줄 걸…. 뿌듯함과 후회가 동시에 밀려왔다.

아내는 이제야 알았는지 우리 집에도 골동품이 많다며 안 쓰고 처박아두었던 물건들을 일일이 챙긴다. 그간에는 모르고 홀대했던 내 손안의 보물이었다. 50년 이쪽저쪽의 물건들을 내다 놓고 "이것도 잘 관리해서 애들에게 물려주면 골동품이 되겠지?" 티 없이 밝게 웃으며 동의를 구한다. 고가구 하나가 아내의 과거와 현재 그리고 미래를 하나의 끈으로 연결해 주고 있음이 분명했다.

골동품 수집을 가진 자의 사치 정도로 생각해 왔는데 경매시장을 다녀와 보니 꼭 그것만은 아니라는 생각이 들었다. 정말 오래되고 귀중한 유물이나 문화재급 골동품이 아니라면 가진 자만이 누릴 수 있는 정도는 아니었다. 기회가 된다면 가끔 들러서 가벼운 마음으로 장식용 소품이라도 몇 점 사들여 볼 생각이다.

귀하고 비싼 물건만 가보家寶로 전승되겠는가? 쓸모없이 나뒹구는 물건이라도 귀하게 여기고 잘 관리하며 대물림하다 보면 골동품이 되리라.

요리를 배우는 남자

친구로부터 만나자는 전화가 왔다. 나보다 1년 먼저 정년퇴직한 예전의 직장 동료로 지금도 모임을 같이하는 친구다. 이런저런 이야기를 하다가 그가 불쑥 나에게 물었다.

"자네 나랑 같이 요리 배우러 다녀볼 생각 없나?"

"왜 하필 요리를 배우려 하는데? 요즘 먹방이나 셰프(chef)가 인기라니까 자네도 한번 나서보려고?"

그는 우리 나이에 혼자 남았을 때를 대비해서 요리 몇 가지는 기본적으로 배워 두어야 한다는 것이다. 작년 가을, 아내가 여고 동창들끼리 해외여행을 갔을 때 열흘 넘게 혼자 지낸 경험을 섞어가며 요리를 배워야 하는 이유를 설명했다.

몇 달 전에 나도 비슷한 일을 겪은지라 그의 말이 틀리지 않았음을 공감했다. 아내가 4박 6일의 해외여행을 떠났을 때였다. 그전에는 아내가 며칠씩 집을 비워도 식사문제로 걱정해 본 적이 없다. 다행인지 불행인지 혼기를 넘긴 딸이 같이 살기 때문이다. 그런데 아내의 여행 기간이 딸의 직장연수와 맞물려 둘 다 집을 비우고 나만 남게 되었다. 아내는 떠나기 전부터 냉장고에 뭐가 있고, 어디에 뭐가 있다며 귀가 따가울 정도로 신신당부했다. 그러나 막상 나 혼자 남겨지니 메모지에 써놓은 대로 준비하고 차리는 것조차 쉬운 일이 아니었다. 어쩐지 마음도 별로 내키지 않았다.

그렇다고 혼자 음식점에 가서 음식을 주문해서 먹을 주변머리는 없다. 나는 아내가 돌아올 때까지 모두 열다섯 끼니를 친구들과 줄줄이 만날 약속을 하였다. 갖가지 명분으로 친구들을 초대한 것이다. 지금 생각하니 만나준 친구들이 고맙기도 하고 미안한 마음이 든다. 별로 중요하지도 않은 이유를 대며 만남을 요구하고 밥을 사는 내 행동에서 홀로 남겨진 내 형편을 눈치챈 친구도 있었으리라.

남자가 요리는 고사하고 주방 출입마저도 금기로 여기던 때가 엊그제였다. 반역의 누명을 쓴 사대부士大夫가 관원들이 잡으러 오자 부엌으로 피신하라는 가족들의 권유에 부엌에 들어가느니 차라리 잡혀가겠다고 순순히 오라를 받았다는 옛이야기가 생각난다. 부엌 출입이 목숨과 바꿀 정도로 남자의 체면을 구긴다고 생각하던 시대가 있었다. 내 어머니도 사내자식은 부엌에 들어오면 안 된다고 가르치셨음을 생각해보면 그것이 호랑이 담배 피우던 시대의 이야기만도 아니다.

그런데 요즘은 신부의 혼수에 신랑의 앞치마가 포함되는 것이 당연하고, 남자가 설거지하는 것은 보통인 세상이 되었다. 더 나아가 남자들이 요리도 한다. 연예인은 물론 유명인사까지도 TV에 출연하여 직접 요리하는 것을 자랑할 정도다. 나도 라면은 기본이고 미역국과 회덮밥은 할 줄 안다. 미역국은 아내의 생일날 깜짝 이벤트를 위해 배운 것이고, 회덮밥은 TV에서 하는 그대로 적어놨다가 가족들에게 한번 해 줬더니 너무 좋아해서 여러 번 반복하다 손에 익은 요리다.

요즘에는 요리학원에 남자 수강생이 갈수록 늘어나는 추세라고 한다. 남성 전용 요리강좌가 개설될 정도라니 인기나 수요가 어느 정도인지 짐작이 간다. 남자들이 요리를 배우는 이유도 세대별로 다르다. 20~30대 젊은 독신 남성들에게 요리는 즐거운 놀이이자 부드러운 남자의 매력을 발산하는 수단이 되며 40~50대 중년 가장들은 가정의 행복과 가족에 대한 사랑 표현을 위해 요리를 배운다고 한다. 50대 후반부터는 은퇴한 뒤 홀로서기를 위해서 요리를 배운다는데….

나는 남자들이 가족들을 위해서 요리를 배우고 요리하는 모습에 박수를 보내는 사람이다. 그러나 은퇴한 사람이 홀로서기를 위해서 요리를 배운다는 대목에서는 어쩐지 씁쓸한 기분이 든다. 남자가 요리해야 한다는 자체보다 은퇴한 남자들이 요리를 배워야 하는 이유가 마음에 걸리기 때문이다.

준비된 퇴직이든 아니든 은퇴자들이 직장 퇴직으로 인해 겪는 심리적 갈등과 충격은 큰 것이 사실이다. 물론 고정수입의 감소로 경제적 어려움을 호소하는 은퇴자도 많다. 하지만 경제적 문제보다 갑작스러운 생활환경의 변화에 적응하는 과정에서 부부간, 가족 간의 부조화와 갈등이 오히려 더 심각하다고 전문가들은 입을 모은다.

은퇴하기 전에는 부부가 한집에 살면서도 서로 각자의 영역을 지키며 다른 생활을 해왔다. 남편이 출근한 낮 동안은 아내의 시간이다. 친구와의 전화 수다에 점심 모임, 취미 생활, 장보기 등 직장에서 일하는 남편 못지않게 바쁘게 지내는 것이 요즘 중년 주부들의 세태이다.

그런데 퇴직한 바로 다음 날부터 갑자기 달라진다. 부부가 서로 얼굴을 마주하고 같이 있는 시간이 아주 많아진다. 어떤 날을 온종일 같이 있게 된다. 집에 있는 남편의 식사가 가장 큰 부담이다. 그래서 모임이나 취미생활은커녕 외출도 제대로 할 수가 없다. 설령 나갔다가도 끼니때에 맞춰 들어와야 하니 여행은 꿈도 꿀 수 없다. 남편 눈치 보느라 전화 수다도 자제해야 한다. '은퇴한 남편 증후군'이라는 정신질환 용어가 생길 정도로 집에만 있는 남편수발이 힘들어서 정신적 고통을 호소하는 아내들이 늘어난다고 한다.

은퇴한 남자들이 요리를 배우는 것도 바로 이런 이유 때문이 아닐까. 집안에 홀로 남겨진 자신의 하루 세 끼 식사, 아내가 외출하거나 여행이라도 갔을 때의 몇 끼 혹은 며칠의 식사를 위해 요리를 배우려는 남자는 아마 거의 없을 것이다. 남편의 식사준비 때문에 외출을 삼가고, 친구들과의 여행도 자제하는 아내에게 부담 없는 비움을 허락하기 위해서 요리를 배우는 것이다. 나 혼자도 얼마든지 할 수 있으니 걱정하지 말고 다녀오라는 아내에 대한 배려이다. 내 친구가 나에게 함께 요리를 배우러 다니자고 제안한 것도 아마 이런 뜻이지 싶다.

그런데 왜 홀로서기의 첫걸음으로 요리를 배운다고 할까?

사랑하는 아내를 배려하고 가족들을 즐겁게 해주려는 당당하고 아름다운 이유가 있음에도 하필 궁색한 홀로서기를 앞에 내세우는가. 아마도 요리하는 것이 남자의 체면을 구기는 일이라는 고정관념이 아직도 남아서일 것이다. 이제 이런 고루한 생각은 버릴 일이다. 은퇴하면서 일을 버렸듯이….

은퇴한 남자들이여! 우리가 직장에서 은퇴했듯이 아내들도 주방에서 은퇴시키자. 그러기 위해 요리를 배우자. 홀로서기가 아닌 둘이 같이 서기를 바라는 당당한 이유를 앞세우며.

지나가는 바람

"당신, 머리 염색은 언제 할 건데? 정말 안 할 거야?"

며칠 전, 친구 아들 결혼식에 갈 채비를 하고 있는데 곁에 있던 아내가 말했다. 처음 듣는 것도 아니고 이젠 한쪽 귀로 흘려듣는 잔소리가 되어 버린 말이다. 나이를 먹을 만큼 먹었으니 나이 들어 보이는 건 당연한 것 아닌가. 하지만 나이보다 더 늙어 보인다는 것이 그리 기분 좋은 이야기는 아니다. 그래도 그냥 못 들은 척했다.

몇 년 전 정년퇴직 무렵이었다. 아내는 은퇴기념으로 눈 밑 지방을 제거하는 성형수술을 권했다. 나라고 어디 외모에 신경을 쓰지 않으랴. 하지만 젊은 나이도 아니고 특별히 불편한 것도 없는데 일부러 고치고 싶은 생각은 없었다. 아내의 요구에 차일피일 미루는 것으로 거부의 의사를 완곡하게 표현했다. 아내도 얼마 가지 않아 포기했는지 말을 거뒀다.

그런데 이번에는 머리 염색을 들고 나왔다. 퇴직하기 전에는 아내가 한 달에 한두 번 흰머리를 뽑아주었다. 한가한 주말, 거실의 양지 끝에 누워 아내에게 머리를 맡기고 한 줄 한 줄 가르마를 만들며 머리를 넘기는 손길에서 사랑을 읽었다. 느른한 낮잠처럼 행복이 쏟아졌다. 흰머리가 한 올 한 올 뽑힐 때마다 따끔하면서도 시원한 느낌은 내 어휘력으로는 제대로 표현하기 어렵다. 나도 모르게 서서히 잠에 빠져들게 했던 흰머리 뽑기. 돌아누우라는 아내의 말에 번뜩 깨보면 신문지 위에 뽑힌 흰머리가 수북했다. 그러나 은퇴하면서부터 그 행복 놀음은 끝났다. 이제 흰머리를 뽑지 않기로 했기 때문이다. 흰머리를 때맞춰 뽑지 않으니 빈집에 늘어나는 잡초보다도 더 급격히 늘었다. 머리가 반백이 되었다.

"근데 당신은 내 말이 말 같지 않아? 왜 대답이 없어?"

아내의 말끝이 날카롭다.

"듣고 있잖아."

"들었으면 한다, 안 한다, 가부간에 대답해야 할 거 아냐?"

"대답할 필요가 없는데 뭘 대답해."

"그으래. 그건 내 말을 무시 한다 그런 뜻이지?"

"내가 언제 당신을 무시한다고 그랬어?"

"당신은 평소에도 말투가 그랬어. 내가 무슨 말을 하면 먹어버리거나 한참을 생각 해서 대답해, 머리를 굴려서 대답해야 할 만큼 나한테 뭐 감추는 거라도 있어?"

아내는 성정이 유순하고 평소에 말수가 적은 편이다. 화가 나면 그나마도 줄이고 아예 말을 하지 않는 성격이다. 나는 아내와 상의 없이 일을 곧잘 저지르는 편이다. 대부분 내가 저지르고 뒤치다꺼리는 아내 몫인 그런 일들이다. 주변에서는 나를 "간 큰 남자" "마포남(마누라가 포기한 남자)"이라고 부르기도 하지만 사실은 그렇지 않다. 내 체면을 살리고 기를 돋우는 일이라면 다소 벅차도 당연한 듯 적극적으로 밀어주는 아내를 믿고 큰소리 치는 것이다. 그러다가도 가끔 아내가 말이 없거나 묻는 말에 대꾸도 안 하면 무슨 일 때문인지는 몰라도 화가 났다는 증거다. 후다닥 꼬리를 내리고 낮은 포복으로 기며 얼른 내가 무슨 잘못을 했는지 돌아본다.

그런데 이번에는 평소와 달랐다. 아내의 화내는 방식이 침묵만은 아니었다. 말하는 억양으로 보면 분명 나에게 화를 낸 것이다. 평소처럼 나를 먼저 돌아보았지만 아무리 생각해도 잘못한 대목이 떠오르지 않았다. 머리 염색을 거듭 졸라도 잔소리로 들어 넘기는 태도가 영 맘에 안 들고 화가 날 수도 있다. 아무리 그렇다고 머리염색 이야기가 어떻게 갑자기 자기를 무시한다는 말로 건너뛸 수 있는가? 나는 이유를 모르고 어떤 일을 당할 때 화가 난다. 생트집을 잡는 것 같은 아내 말을 듣고 있자니 화가 치밀었다. 쾅 소리가 나게 문을 닫고 집을 나와 버렸다.

결혼식장엘 가면서도 기분이 영 풀리지 않아 축의금만 전달하고 곧바로 나왔다. 딱히 다른 볼일도 없고 마땅하게 갈 곳도 없었지만 집엔 들어가고 싶지 않았다. 무작정 천변으로 차를 몰았다.

둑에 주저앉아 멍하니 물을 본다. 물이 흐른다. 깊게 흐르는 물은 소리를 내지 않는다. 소리가 없다고 결코 무음無音은 아니다. 모조리 안으로 끌어안고 겉으로 드러내지 않을 뿐이다. 돌들이 구르며 강바닥을 긁는 소리, 휘도는 물결이 바위에 부딪히며 토하는 신음, 싸한 한 줄기 바람이 지나는 길목마다 잔주름 지는 파문까지도 안으로 빨아들여 소화할 뿐 그저 침묵을 지키고 있다. 평소 아내는 화가 나면 물이 되었는데 오늘은 아니다.

곰곰 생각해도 아내가 화를 낼 만한 잘못을 찾을 수 없다. 그렇다면 아내는 왜 밑절미 없는 화를 냈을까? 물끄러미 흐르는 강물을 주시하는데 하나의 생각이 불현듯 떠올랐다.

몇 년 전, 36년을 넘게 다녔던 평생직장을 마감했다. 나이 때문에 일에서 밀려난다는 것이 서글프기도 했지만 모든 것을 다 털어버린 홀가분함과 여유로움을 기대했었다. 그러나 기대는 기대에 불과했다. 갑자기 무진장 주어진 시간은 마음 편한 여유로움이 아니라 별 볼 일 없는 무료함이고 깊은 상실감이었다. 늙었음을 인정하라고 짓눌러오는 강요였다. 늙음은 조금씩 서서히 오는 것이 아니라 은퇴와 함께 벼락처럼 달려들었다. 나는 하루아침에 그렇게 늙었고 위상은 허물어졌다.

엄연한 현실을 거부하듯 슬쩍 건드리기만 해도 노여움이 스프링처럼 튀어 올랐다. 사소한 일상이나 하찮은 말투에도 날카롭게 반응하고 별것 아닌 일에 버럭 하는 일이 잦아졌다. 아이들과도 마찰이 생겼다. 그때마다 아내는 내 편이었다. 까닭 없는 버럭은 갱년기 증세라며 오히려 아빠의 늙음을 위로하라고 아이들을 잡도리했다. 갱년기니 늙었다느니 하는 말은 마음에 들지 않았지만 그래도 역성들어주는 아내가 고맙고 미더웠다. 아내는 이유 없는 노여움에서 나의 늙음을 읽었던 것이다. 그리고 위로하고 편들어 주었다.

내가 늙었듯이 아내도 늙었다. 그런데 나는 아내의 늙음을 눈치채지 못했다. 아내도 늙는다는 생각을 하지 못한 큰 잘못이 있으면서도 잘못한 일이 없다니…. 잘못을 인식하지 못한 그 자체가 벌써 결정적인 잘못인데. 문을 쾅 닫고 나와 버린 나의 속 좁음이 후회된다. 아내가 나를 역성들었듯이 이제 내가 아내의 늙음을 위로하고 편들어줄 차례다. 사소한 일에도 발끈했던 나의 버럭 만큼 아내의 짜증과 화냄도 무조건 받아 주어야 마땅하지 않은가.

아내에게 사과하는 뜻으로 미장원에 들러 머리를 염색하고 들어가야겠다. 엉덩이를 털고 일어서며 아내에게 전화부터 했다.

"당신이야? 예식장엔 갔다 왔어? 어딘데 이렇게 늦어? 빨리 들어와 내가 맛있는 것 해 놓을게. 지금 들어올 거지?"

아내의 화냄은 지나가는 바람이었다. 늙어감도 하나의 과정이니 어쩔 수 없이 지나가야 하고 또 지나가겠지만 그저 바람처럼 그렇게 지나가면 좋으련만….

내 눈의 들보

핸드폰에 저장된 전화번호를 검색하는데 그의 이름이 내 눈을 물끄러미 올려다보고 있었다. 그는 휙 하니 부는 바람에 갈잎이 떨어지듯 그렇게 갔다. 지지난 가을이었다. 그리고는 바로 겨울이 됐고 또 한 번의 겨울이 왔으니 벌써 일 년이 지났다. 바쁠 것도 없는데 뭐가 그리 급해서 서둘렀을까.

사람들은 그가 멀리 떠났다고 한다. 사후세계를 말한다는 것은 매우 조심스러운 일이다. 그가 어디로 갔는지, 그곳이 얼마나 멀리 떨어진 곳인지 알고 있는 사람이 없고 알아서도 안 되는 신의 땅이기 때문이다. 1억5천만㎞ 떨어졌다는 태양보다 먼 곳일까? 아니, 아주 가까운 곳일 수도 있다. 영화《사랑과 영혼》의 주인공 〈샘〉처럼 그의 영혼도 내 곁을 휘돌고 있는데 볼 수도, 들을 수도, 만질 수도, 느낄 수도 없으니 그냥 말하기 쉽게 멀리 갔다고 하는지도 모른다. 다른 사람은 몰라도 그는 그런 것 같다. 그러기에 죽어서도 내 핸드폰 속에 한자리를 차지하고 산 사람과 똑같은 대접을 받았던 것 아닐까.

핸드폰에서 그의 이름과 눈 맞춤 한 순간, 축 늘어졌던 인연줄이 팽팽하게 당겨지며 보고 싶음이 격정처럼 밀려왔다. 죽었던 그가 벌떡 일어나 웅덩이의 물을 푸듯 즐거웠던 기억들을 퍼 올렸다. 퍼 올린 기억이 마치 어제 일처럼 생생해질수록 미안함이 커지는 건 무슨 까닭인가. 개똥밭에 굴러도 이승이 낫다는데…. 나 혼자만 이승을 누리는 미안함은 아니다. 되살아난 기억이 구르고 구르며 몸피를 더 할수록 미안함도 덩달아 부풀려진다. 그렇다. 나는 그가 죽은 다음 너무 쉽게 그를 잊었다. 살아서 서로가 즐거울 때는 생살이라도 베어줄 듯 피붙이보다 더 살갑게 지냈는데 그가 떠난 뒤 그의 가족들이 어떻게 사는지 안부 한 번 물어본 일이 없으니 미안함을 넘어 부끄럽기까지 하다. 어찌 그럴 수가 있을까 할 정도로 정말 깡그리 잊고 살았다. 그의 가족은 잘 지내고 있을까? 쓸데없는 소문은 귀를 모으지 않아도 넘쳐나게 들리던데 그 많은 풍문 중에 그의 유족 소식은 티끌도 섞이지 않았다. 이조차도 나의 무심함 탓이리라. 그간의 교분은 물론 영결 마당에서 속수무책 흘린 눈물까지도 가슴을 내어줬던 정이 아니라 화장술 좋은 처세였다고 비난한들 할 말이 없게 돼버렸다.

이제 그의 연락처를 지워야겠다. 무슨 염치로 그와의 인연 줄을 고집하겠는가. 지금이라도 사람들이 말하는 먼 곳으로 잘 가도록 축원하는 배웅의식처럼 그의 이름도, 전화번호도 지워야 한다. 그런데 막상 지우려니 그와의 모든 인연이 핍절될 것 같고 내 어휘력으로는 묘사하기 힘든 헛헛함이 밀려왔다. 마음은 밑바닥으로 끝 모르게 가라앉으며 멀미 같은 어지럼증이 일었다. 갑자기 '혹시 알아, 전화하면 그가 받을지….' 라는 생각이 들었다. 죽은 사람이 어떻게 전화를 받겠는가. 망상인 줄 알면서도 거부하기 힘든 이끌림에 발신 버튼을 눌렀다. 번호를 지우기 전에 당연히 치러야 하는 필수과정인 것처럼….

'그가 전화를 받을까.' '절대 그럴 일이 없겠지만, 행여 받으면 무슨 말을 어떻게 해야 할까?' 발신음과 함께 시작된 걱정이 채 끝나기도 전에 상대방의 음성이 들려왔다.

"여보세요"

일순간 숨이 컥 막혔다. 기가 막힌 일이다. 죽은 사람이 전화를 받다니. 겁이 나서 엉겁결에 전화를 끊어버렸다. 그런데 곧바로 그쪽에서 전화를 걸어 왔다. 전화를 받자마자 끊어버리니 이상했던 모양이다. 음란 전화로 오해할 수도 있겠다는 생각에 어쩔 수 없이 전화를 걸었던 연유를 설명하는데 이번에는 그쪽에서 먼저 전화를 끊었다.

"별 미친…."

전화가 끊기면서 들려온 한마디. 끝까지 들을 수는 없었지만 아마 미친놈이라고 했지 않았을까.

'괜히 솔직하게 얘기했구나. 그냥 잘못 걸었다고 할 걸.'

후회됐다.

그런데 왜 이렇게 화가 나는 걸까? 내가 먼저 촉발한 일이지만 아무리 그래도 미친놈이라니…. 먼저 전화한 내 잘못이 큰지 그 사람의 욕설이 더 잘못인지 계량하기 어렵지만 생각의 길이를 더할수록 내 잘못은 희미해지고 그 남자의 욕설만 자꾸 커진다.

지우려고 했던 그의 전화번호를 지우지 않기로 했다. 대신 연락처의 이름을 조금 전에 통화했던 그 사람으로 바꿨다. 그냥 "미친놈"이라고 입력했다. 내 핸드폰 속에서 연락처가 지워질 때까지 그는 계속 미친놈으로 남을 테니 그의 욕지거리 한마디를 되로 받고 말로 갚아주기에 충분하지 않은가. 소심하고 비겁한 처방이긴 하지만 이보다 더 통쾌한 복수가 없지 싶다.

자신의 잘못을 잘 모르는 게 인간의 오랜 속성이라지만 요즘 들어 갈수록 나의 잘못을 인정하고 받아들이기가 쉽지 않다. 남의 눈의 가시는 보면서 내 눈의 들보를 보지 못함이다. 보지 못하는 것이 아니라 의도적으로 보지 않으려 한다는 말이 더 맞는 말일지도 모른다. 시인하고 수용하기보다는 방어 자세를 먼저 갖추고 상대의 가시를 들춰내고 키우기 바쁘다. 용서해줄 사람은 많아도 용서받을 일이 별로 없는 것도 그 탓 아닌가. 나이 먹음이 이런 건 아닌데…. 왜 후회는 일이 저질러진 다음에야 한 박자씩 늦게 찾아오는지 모를 일이다.

미친놈을 연락처에서 삭제했다. 이름과 번호까지 흔적도 남기지 않고 깨끗하게. 지웠다. 통쾌한 복수였음에도 마음 한편을 무겁게 했던 찝찝함도 같이 지워졌다. 마음 속은 복수했을 때보다 더 후련하고 시원하다. 탄산수의 톡 쏘는 그 맛처럼.

셋째 마당

내 안의 또 다른 나

슬퍼해야 할 때 슬퍼하고 싶다

친구 어머니가 돌아가셨다. 죽음은 언제나 슬픔이다. 그래서 상가喪家는 원래 슬픔이 물안개처럼 번지며 숙연한 분위기를 자아내기 마련이다. 상가 분위기는 당연히 슬퍼야 제맛이 난다. 한데 이게 웬일인가. 상주의 표정에 정중함은 있으나 정작 있어야 할 슬픔이 보이지 않는다. 그간 너무 힘들었던 탓일까. 그에게 슬픔을 찾아줄 적당한 위로의 말이 떠오르지 않아 잠시 머뭇거리는데 그가 먼저 입을 열었다. 의식도 없는 상태로 고생만 하시느니 차라리 잘 가셨다고 했다. 주변에서는 다들 호상이라고 했다. 당연히 있어야 할 슬픔이 없던 이유를 알 것 같다. 죽음이 슬픔만은 아니었다. 은근한 기다림이고 반가움인 죽음도 있구나.

내 어머니는 올해 92세다. 6년 전에 허리 수술을 하셨다. 연로한 나이에 위험을 무릅쓰고 큰 수술을 한 탓인지 회복이 더뎠다. 자연스레 요양병원에 일상을 의탁해야 했다. 수술 후유증은 회복되었는데 그 때문이었는지 치매 초기와 같은 증세를 보였다. 처음에는 마음이 내키는 대로 집과 요양병원을 왔다 갔다 하셨다. 한 달에 두세 번이 넘게 입 · 퇴원을 반복할 만큼 마음의 변화가 심했다. 치매가 의심스러운 노인성 우울증이 겹친 어머니의 변덕을 받아내기가 쉽지 않다. 며칠 간격으로 벌어지는 이런 실랑이는 정말 힘들고 참아내기 어려운 일이다. 여러 사람을 번거롭게 하니 병원 측에도 그렇지만 누구보다 아내에게 미안하다.

다시 집으로 오신지 겨우 이틀 만에 또다시 병원으로 가신다고 했다. 어머니의 뜻만 받들며 하루를 보낼 수 있다면 얼마나 좋으랴마는 나는 그런 효자는 못 된다. 우리 내외에게도 각자의 생활이 있고 맡겨진 손자 봐주기도 벅찬데 온종일 어머니 곁을 지키며 비위에 맞게 놀아드릴 수 없는 것이 현실 아닌가. 병원에 계실 때는 가족을 보고 싶어 하고, 집에 오시면 친구를 찾는 두 가지 상반된 욕구를 단박에 들어줄 수 있는 묘답이 마땅히 떠오르지 않는다. 집과 요양병원. 어느 곳이 효도

이고 아닌지 알 수가 없고 이도 저도 아닌 것 같아 헷갈릴 뿐이다. 나는 정말 모르겠다.

효자 소리를 듣고 싶은 생각은 눈곱만치도 없다. 효자 아들을 남편으로 둔 여자는 며느리 노릇 하기가 몇 배 더 고달프고 힘이 든다고 한다. 아내에게 그런 희생을 강요하고 싶지 않기에 내 아내가 효부이기도 바라지 않는다.

그래도 사람의 도리는 다해야 하지 않는가. 주말마다 어머니를 찾아뵙는 것이 우리 부부의 고정된 일과가 돼 버렸다. 노인성 우울증 치료 덕인지 치매증세도 많이 좋아졌다. 갈 때마다 내가 다녀간 뒤로 일주일 사이에 벌어진 일을 죄다 말씀하신다. 내가 학교 다녀와서 어머니께 있었던 일을 그림같이 얘기해드렸던 그때처럼. 이제는 서로 위치만 바뀌었을 뿐이다.

치매 증세를 보이며 집으로, 요양병원으로 왔다 갔다 나를 힘들게 했던 그때가 그래도 좋았던가 보다. 지금은 거동을 못하시고 대소변도 받아내야 하니 집으로 오실 생각을 아예 하지 않는다. 날이 갈수록 기력이 떨어지고 말씀도 줄어드는 것이 확연하다.

병시중을 받으며 노년을 보내기에는 요양병원만 한 곳도 없을 것 같다. 그런데도 많은 노인이 요양병원을 꺼린다. 요양병원 입원을 가족과의 일시적 헤어짐이 아니라 죽을 자리로 버려지는 고려장으로 인식하는 탓이다. "이 자리가 내가 죽어 나갈 자리구나."라고 혼잣말처럼 하시던 어머니 말씀이 번뜩 스친다. 나도 지금 어머니가 계신 침대가 마지막 자리일 것 같은 불길한 예감을 지울 수가 없다. 어머니도 무슨 느낌이 있으신지 하루만이라도 집에 다녀오자는 나의 제안을 거절하며 여기가 좋다고만 하신다. 정말 안타깝고 울고 싶지만 그렇다고 달리 뾰족한 수가 있는 것도 아니니….

그래도 우리 어머니는 나은 편이다. 갈 때마다 산소호흡기로 숨 쉬고 튜브로 식사하며 연명하는 노인을 많이 본다. 의식조차 없는 노인도 있다. 그들의 보호자가 들으면 대단히 크게 화를 내며 막돼먹은 불효자라고 비난할지 모르지만 연명치료 덕에 단순히 숨만 끊어지지 않은 그런 삶이 무슨 의미가 있겠는가. 누구를 위한 생명 연장이고 연명 치료인지 모르겠다. 어머니를 여의고도 연명 치료에 슬픔을 빼앗겨버린 그 친구처럼 되고 싶지 않다.

우리 내외는 은퇴하면서 미리 약속을 해두었다. 밥도 해 먹기 싫고 살림살이가 지겨울 때쯤이면 둘이 손잡고 같이 요양병원으로 가기로 했다. 아이들에게 유언 같은 당부도 해놓았다.

"아빠 엄마의 생명을 놓고 선택이나 결단의 상황이 오더라도 연명 치료는 하지 마라. 산소호흡기는 절대로 사용하지 마라."

내 어머니에게 그런 상황이 오면 산소호흡기는 결코 사용하지 않을 생각이다. 대신에 어머니 귀에 입을 가까이 대고 사랑한다는 말을 쉼 없이 들려 드리고 싶다. 내가 그 지경이 됐을 때 내 아이들도 그러기를 바라면서….

아흔이 넘은 어머니께서 몸이 더 좋아지실 일은 없을 것 같다. 더도 말고 덜도 말고 지금처럼 정신이라도 온전한 상태로 쭉 지내시기를 바랄 뿐이다. 하나님의 부르심을 받고 가시는 그날, 자식들과 일일이 작별 인사를 나눈 다음 숙면에 들 듯 그렇게 가실 수 있기를 기도한다. 조그만 후회나 미련도 없이 가슴 가득히 슬픔만 미어지는 작별이면 좋겠다. 슬퍼해야 할 때 슬퍼하고 싶다.

내 안의 또 다른 나

사춘기 시절, 내게 여자는 환상이었다. 연애소설 속의 주인공을 내 여자로 그려보며 영화 같은 사랑을 꿈꾸었다. 연애라는 걸 간접경험으로 느낄 수밖에 없었던 나에게 사랑은 그야말로 아름다운 환상일 수밖에. 그때 나는 빨리 어른이 되기를 얼마나 바랐던가. 그 간절함은 기실 예쁘고 아름다운 여인을 만나 멋진 사랑을 하고 싶었던 마음이었으리라.

군대를 다녀오고 취업을 해서 운명처럼 한 여인을 만났다. 어린 시절 간절히 고대했던 사랑이 나에게 왔다. 얼굴이 예쁘고 마음씨까지 고운 그녀를 사랑하게 되었고, 결혼했다. 그러나 막상 결혼해서 살아보니 사랑의 환상은 인정사정없이 부서졌다. 여자를 사랑한다는 것은 달콤한 환상이 아니라 무거운 책무를 짊어져야 한다는 현실을 깨닫는 데 걸린 시간은 너무도 짧았다. 결혼 생활은 사랑만으로 살 수 있는 것이 아니었다. 꿈꾸던 사랑은 현실 앞에 자꾸만 오그라들고 변해갔다. 가장으로서 우선 먹고사는 일이 급했다. 직장에만 열중했다. 마음이 없어서가 아니라 사랑을 표현할 여유와 시간이 없었다고 변명하며 나 스스로 합리화하기도 했었지만, 지금에 와서는 후회되는 일이 많다. 애틋하던 마음이 그저 그렇게 무덤덤해지면서 일상이 되어 갔다. 아이도 태어났다. 그나마 남은 사랑은 모두 아이 차지가 되었다. 데데해진 서로의 시선 속에 사랑은 가뭇없고 세월의 더께처럼 쌓이는 건 정情이었다.

남들은 우리더러 금실 좋은 부부라고 한다. 우리 사이에 흐르는 것이 사랑인지 정인지, 그런 것은 묻지도 따지지도 않고 그저 열심히 아이들 키우면서 집안 대소사를 챙기다 보니 어느새 정년이 되었고, 그렇게 나는 폐기처분이 되었다. 퇴직하자 기다리고 있었던 것은 별 볼 일 없는 무료한 일상이었다. 열정을 바칠 대상을 찾지 못해 한동안은 우울했다. 지금은 모든 일에 관심이 시들해지고 새로운 변화가 두려울 만큼 그냥 편하고 익숙한 것이 좋다.

입으로는 아직 쓸 만하다고 큰소리치지만 생각뿐이다. 몸이 말을 듣지 않는다. 끼니때마다 약을 배부르게 먹어야 하니 종합병원이 따로 없다. 족구 한 게임도 제대로 소화 못 하는 체력 탓에 젊은 기운에 넘쳐났던 욕구마저도 간곳없다. 젊은 날의 열정은 사그라지고 가슴은 차가워져 냉골이다. 닳고 닳아서 모든 일에 무던해질 나이건만 오히려 날카롭게 반응하는 속 좁은 계산으로 오해와 섭섭함만 늘어간다. 세상살이 정말 열심히 살았는데……. 제대로 보기 좋게 이뤄놓은 것도 하나 없다. 모두가 헛된 것뿐이라는 생각이 들며 인생이 허무해지고 빈 가슴에 휑한 바람만 오간다. 즐기던 잡기도 시들해져 밀쳐 둔 지 오래다.

그러면서도 불시에 내 몸속 어디서 나도 모르는 뜨거움이 꿈틀댈 때가 있다. 나를 가장 잘 아는 사람은 나라고 생각했다. 그런데 내 마음속에 나도 모르는 또 다른 내가 있다. 열정적인 사랑을 꿈꾸는 젊은 청년인 내가 있다. 스스로 이제는 늙었다고 생각했는데 가슴에 아직도 그런 열정이 남았다니…. 내 안의 또 다른 내가 더 이상의 늙음을 거역하며 늘그막의 반란을 재촉한다. 대책 없는 꿈틀거림이 잊고 살아온 욕망을 부추기며 찌릿찌릿한 쾌락의 길로 나를 꼬드긴다.

늘그막의 남자에게 성性은 무엇이며 사랑의 열망은 무엇인가? 단순히 육체적인 것만은 아닌 것 같다. 순간의 쾌락이나 휙 하니 한번 불고 지나가는 바람도 아닐 것이다. 생로병사의 순리를 거역하는 것은 아니지만, 모든 것을 서서히 빼앗아가는 늙음에 대한 반항이며 젊음의 끈을 놓아 버린 채 병약하고 소심해져 가는 스스로에 대한 부정의 몸짓이지 싶다. 본능적인 욕구의 차원이 아니라 정신적인 자존감이며 남자로서 살아있음을 느끼게 하는 생명의 욕망이라고 답하고 싶다.

노년의 성을, 사랑의 욕망을 푼수데기 늙은이의 주접이라고 비아냥댈 사람도 있을 것이다. 은밀하게 나누고 드러내기를 꺼리는 성의 일반적 속성으로 보면 노년의 성을 들추어내고 이야기한다는 자체가 부끄러운 일일 수도 있다. 성적 욕망을 풀어내는 것이 일상 같았던 시절이 분명 내게도 있었다. 아마 이 땅의 어느 노인에게도 골고루 그런 시절이 있었듯이 늘그막에 품는 뜨거운 사랑의 욕망 또한 같으리라. 다만 드러내지 않았을 뿐이지. 한데 동성애자 같은 성적소수자의 문제에는 열을 올리고 뜨겁게 논쟁하면서 어째서 노인의 성에 대해서는 조용한 것일까? 무시해도 되는 노인의 주접이라서? 아니다. 맞춤한 답이 없어서인지도 모른다. 성 소수자보다 숫자적으로 더 많고 현실적인 문제도 더 많은 노인의 성. 민망해서 숨어드는 그 그늘을 어찌해야 할 거나….

성을 어찌 육체적인 문제의 영역에만 가두어 놓을 수 있는가. 노년의 사랑에 대한 욕망은 시들어가는 인생에 대한 총체적 욕구며 서쪽 하늘을 붉디붉게 물들이며 아쉬움을 그려내는 석양의 몸부림 같은 것 아닐까.

몸도 마음도 시들어가는 나이다. 꿈이나 욕망마저 없다면 풀기 떨어진 모습으로 그냥 주저앉을 수밖에 없는 것이 늘그막의 삶이다. 사랑의 욕망은 생업에서 손을 놓고 하루하루 갈수록 단조롭고 무료해지는 인생을 거부하는 마음의 반란이 아니겠는가. 결국에는 항복하고 말 것을 뻔히 알면서도 당당히 맞서는 아름다운 반란이라고 좋게 보아주면 얼마나 좋을까. 주접스럽고 부끄러운 욕망이 아니라며 박수를 보내주면 더 좋겠다.

남세스럽긴 하지만 아직도 열정적인 사랑을 꿈꾸는 젊음이 내 안에 살아있다는 것이 고맙고 반갑다.

비렁뱅이 벼슬

평소 아끼는 후배가 다녀갔다. 30년 가까이 그를 보아왔다. 올곧은 처신, 술수를 모르는 진솔한 언행으로 어디서나 진국이라는 평판을 듣는 사람이다. 그가 갑자기 지방선거에 출사표를 던졌다. 지난 몇 달간 선거판을 누비면서 느낀 어려움을 솔직하게 털어놓으며 울분을 토했다. 후보 사퇴를 고민하고 있다고 했다. 진정성이 왜곡되고 정치꾼이 좌지우지하는 선거판에 대한 환멸이 너무 컸던 것 같다.

선거를 민주주의의 꽃이라고 하지만 깊이 들여다보면 폐해도 많다. 선거 때문에 서로 편이 갈리고, 골 깊은 갈등에서 헤어나지 못하고 있는 지역이 뜻밖에 많다. 인구수가 적고 유대의 점도가 더 끈끈한 농촌 지역일수록 더욱 두드러진다. 인구가 불과 3만 명도 못 되는 작은 군에서 지지성향에 따라 몇 갈래로 편이 갈려 끝없는 싸움을 이어가는 곳도 있다. 선거로 당선된 역대 군수가 한 사람도 빠짐없이 구속된 지역의 부끄러움은 어떻게 씻어야 하는 걸까? 선거철만 되면 개나 소나 모두 나와서 한바탕 잔치마당이 되어야 할 선거판을 난장판으로 만드는 것도 문제다.

이번이라고 다를까. 선거 때만 되면 왜 그렇게 지역사회를 위해 봉사하겠다는 사람들이 많은지 모르겠다. 주민의 머슴이 되어 지역을 위해 희생하겠다는 사람도 많다. 제법 그럴듯한 경력을 가진 사람이 나의 심부름꾼이 되겠다니 속없이 어깨가 으쓱해지기도 한다. 소시민적인 나의 계산으로는 아무리 봐도 밑지는 장사인데, 오히려 큰 비용을 써가면서 그 자리를 맡으려고 하는 것도 의문이다. 오직 봉사의 일념이라니 그 뜻이 정말 가상하고 거룩하기까지 하지만 또 다른 의문이 생긴다. 주민과 지역을 위해 헌신하고 싶은 열의를 가진 사람이라면 꼭 그 자리를 맡아야만 봉사를 할 수 있는 것일까? 지난 4년간은 어디서 무슨 봉사를 하며 지냈을까? 정치는 생물이라 의외의 변수가 많다지만 도저히 승산이 없을 것 같은 싸움에

과감히 도전하는 용기는 어디서 나오는 것일까? 선거 때마다 후보자들에게 직접 물어보고 싶은 질문이다.

후보자마다 받는 사람을 가리지 않고 보내는 문자에 휴대전화가 쉴 틈이 없다. 목이 좋은 대로변의 건물은 대형 현수막으로 외벽과 창문을 모두 막아버려 답답하다고 아우성이다. 여론조사는 왜 그리도 많은지. 행여 반가운 전화인가 싶어 받으면 여론조사의 기계음에 정나미가 떨어진다.

모임에 나갔다가 어느 선배가 A 후보의 지지를 당부하는 귓속말과 함께 명함을 몇 장 주었다. 같은 모임의 일원인 B는 C 후보의, D는 E 후보의 선거캠프에 관여하고 있다는 정보도 알려주었다. 요즘은 너 나 할 것 없이 선거판에 얼굴을 내밀고 활동하고 있는 사람이 많은 것 같다. 은밀하게 움직이는 사람도 적지 않다고 한다. 이른바 비선이다. 선거운동에 직접 뛰어들어 열심을 내는 그들은 후보자와 뗄 수 없는 어떤 인연이 있는 것일까? 아니면 정치적 신념이 같아서일까? 그것도 아니면 당선되고 난 다음에 어떤 보상을 기대하고 있는 것일까? 그렇지 않고서야 자기 밥 먹고 제 돈 들여가며 있는 힘을 다해 선거운동을 해준다는 것이 쉽지 않은 일이다. 그중에는 평소 주변의 평판이 별로 좋지 않아 표를 모으기는커녕 표를 쫓아낼 우려가 있는 사람도 없지 않다. 우스운 일이다. 이뿐 아니다. 아무리 생각해봐도 '이건 아닌데….' 싶은 일이 한둘이 아니다.

선거에서 한 표 한 표, 지지표를 모으는 일은 쉽지 않다. 그래서 후보자나 선거운동원들은 유권자를 향해 허리를 굽히고 손이 아프도록 악수를 한다. 표를 얻는 일이라면 억지웃음을 웃으며 마음에 없는 말과 행동도 서슴없다. 어느 때는 비굴하게 보이기까지 한다. 감동으로 유권자의 마음을 얻는 것이 아니라 표를 구걸하는 것일 뿐이다. 그래서 예로부터 선출직 감투를 비렁뱅이 벼슬이라고 했다.

정치인은 봉사와 자기희생의 신념이 뚜렷한 사람이어야 한다. 진정한 정치인은 말이 바르고 논리가 정연하다正言順理. 올바른 비전과 철학을 가지고 항상 초심을 잃지 않으며 정치적 약속을 지키는 사람이다. 그럴듯하게 꾸며대는 말과 알랑거리는 태도巧言令色로 유권자의 표를 구걸하는 정치꾼과는 구별된다. 나는 선거를 통해 머슴도 아니고, 봉사자도 정치꾼도 아닌 제대로 된 정치인이 뽑히기를 원한다. 이렇게 뽑힌 사람은 사지도, 빼앗지도, 구걸하지도 않은 깨끗한 표를 모아 우리의 지도자 자리에 앉게 된다. 선출직이 표를 구걸해서 얻는 비렁뱅이 벼슬이 되어서는 안 된다. 선출직은 민심을 제대로 읽고, 주민의 살림과 형편이 나아지는 길로 바르게 이끌어 달라고 맡긴 지도자의 직책이기 때문이다. 크고 작음을 떠나 모두가 영광스러운 벼슬이 아닐 수 없다.

법으로 정한 공식적인 선거운동이 시작되었다. 이제 공은 유권자에게 넘어왔다. 후보자가 결정될 때까지는 온갖 잡음이 있고, 무슨 무슨 심心이 작용했는지 몰라도 지금부터는 오로지 유권자에게 달려있다. 선거 결과에 대한 잘잘못은 모두 유권자의 책임이다. 선거일을 정치인과 정치꾼을 분별하는 날로 삼아야 한다. 사사로운 감정에 흔들리지 않고 깨끗하고 꿋꿋한 마음가짐으로 바르게 또 빠짐없이 투표해야 한다. 정책이나 비전도 관심을 가지고 꼼꼼히 따져보아야 한다.

경제도 살리고 삶의 질을 높여줄 청렴하고 정의로운 지도자에게 나의 소중한 한 표를 드려야겠다.

평생 웬수

부부가 서로를 부르는 호칭은 참 다양하다. "여보, 당신" "○○아빠, ○○엄마"처럼 무색무취한 대외용이 있는가 하면 둘만의 암호 같은 호칭도 있다. 장소와 상대와 감정에 따라 사랑할 때 다르고, 싸울 때 다르고, 남이 있고 없음에 따라 달라지는 것이 부부간의 호칭이 아닌가 싶다.

부부의 호칭 이야기가 나오면 가장 먼저 생각나는 사람이 있다. 몇 년 전에 고인이 된 K이다. 동호회를 같이 하던 그와 모임 자리에서 떠들썩한 분위기로 식사를 하고 있는데 갑자기 전화벨이 울리며 낯선 여자 목소리가 들렸다.

"웬수야! 전화 받어."

처음엔 무슨 말인지 몰랐다. 두세 번 반복되고 나서 그 자리에 모인 사람들 모두가 빵 터졌다. K의 전화벨 소리였다. 그는 계면쩍은 얼굴로 자기 마누라가 그렇게 해놓았다고 변명 아닌 변명을 했다. 더 웃기는 건 그녀의 전화기에 입력된 그의 이름이 "평생 웬수"란다. "웬수…." 아무리 웃기려고 그랬다지만 부부의 호칭치고는 좀 너무했다는 생각이 들었다. 아무튼 그 사건 이후로 한동안 "웬수"라는 애칭으로 불리던 그가 심장마비로 갑자기 세상을 떴다는 소식이 왔다. 조문을 갔을 때 빈소에서 울다가 혼절한 그의 부인에게서 나는 비로소 "웬수"라는 단어의 진정한 의미를 보았다. "웬수"는 원한이 맺힌 사람이라는 살벌한 사전적 의미보다 정신이 까무러칠 정도로 사랑하는 사람을 에둘러 지칭하는 따뜻한 말이었음을 눈으로 이해했다.

내가 가까이 지내는 사람 중에 유별나게 부인을 챙기고 넘치는 애정을 망설임 없이 표현하는 친구가 있다. 부부간의 금실도 좋아 보이고 주변의 친구 부인들은 자기 남편들에게 그를 본받으라고 채근하기도 한다. 그러나 그의 사랑 표현이 몸에 밴 습성이 아니라 보여주기 위한 꾸밈 같아서 나는 별로 좋게 생각하지 않는다. 다름 아닌 그의 아내에 대한 호칭 때문이다. 그는 여럿이 모인 자리에서 아내를 거리낌 없이 "야~." 라고 부른다.

이 세상에 부부만큼 편하고 허물없는 관계는 없을 것이다. 남자와 여자 사이임에도 벗은 몸으로 마주 보며 이야기를 나누는데 아무 거리낌 없고 자연스러운 것이 부부 사이다. 부부간에는 감춤이 없고 서로 잴 것이 없기 때문이다. 하지만 아무리 허물이 없고 편한 사이라고 해도 서로 지켜야 할 예의는 있는 법 아닌가. 부부의 예의는 호칭에서 비롯된다고 생각한다.

"야."라는 호칭은 대개 어른이 아이를 부르는 소리다. 아주 친한 또래 친구들끼리 흉허물없이 부르는 소리이기도 하지만 이성異性 간보다는 동성同性 사이에 주로 쓰인다. 요즘은 자기 자식이나 남의 아이에게도 "야."라고 부르는 사람이 별로 없다. 하물며 부부 사이에 "야."라는 호칭은…. 혹시 젊은 부부끼리라면 조금은 봐줄 수 있겠지만 나이 지긋한 할아버지, 할머니 부부 사이에 "야."라고 부르는 것은 어른스럽지 못할 뿐 아니라 듣는 상대를 무시하는 느낌도 없지 않으니 썩 유쾌한 호칭은 아닌 것 같다. 행여 자기 아내를 "야"라고 부르는 독자가 있다면 당장에 고치라고 권유하고 싶다.

부부의 호칭만큼 축약된 대화가 또 있을까? 지금은 끊었지만 내가 한참 술을 마시고 다닐 때 일이다. 부부동반 모임 자리에서 술이 과하거나 거슬리는 언행 뒤에 어김 없이 들려오는 아내의 “여보!”라는 한마디. 나지막하지만 끝이 약간 올라간 그 짧은 부름에는

“술 좀 그만 마셔!”, “말 좀 가려서 해!”, “이따 집에 가서 보자.”라는 우리 부부만이 교감하는 의미가 담겨있었다.

부부의 호칭은 단순히 서로를 찾고 부르는 이름이 아니라 남들은 공유할 수 없는 자신들만의 신호이며 언어이다. 단 한마디에 수백 가지의 의미를 함축하여 담아내며 희로애락을 주고받는다. 그래서 “웬수”가 사랑의 표현이 되고 “여보”라는 한마디 부름만으로도 얼마든지 소통하며 사는 게 부부 아니겠는가.

마음이 거시기 할 때

비가 쏟아진다. 한 주간이 시작하는 첫 시간, 월요일 새벽부터 하늘에 구멍이라도 뚫린 듯 퍼붓는 빗줄기는 바깥을 향하던 마음을 쭈뼛거리게 한다. 기분 좋은 시작은 이미 발목을 잡혔다. 바람 따라 이리 휘고 저리 쏠리는 장대비가 유리창에 여지없이 부딪히며 사금파리처럼 튄다. 갈라지고 터지며 깨지는 아픔을 방울방울 매달려 쭈르륵 미끄럼을 타는 놀이로 달래고 있다. 품을 넓히고 한 주간을 활기차게 열어야 하는 첫 시간에 오히려 가슴이 오그라진다. 힘들고 마음이 먹먹한 한주가 될 것 같은 예감이 든다. 오늘도 로또를 사야 할 모양이다.

나는 뽑기 운이 없다. 없어도 전혀 없다. 평생을 두고 뽑기에서 당첨된 일이 한 번도 없으니…. 초등학교 시절, 소풍 때마다 보물찾기를 했는데 나는 한 장도 제대로 찾지 못했다. 많이 찾은 친구가 어쩌다 한두 장 나눠주는 보물 표도 참가상 정도였지 큰 상품에 당첨된 적이 없다. 사회단체 모임에서 체육대회나 단합대회를 하면 행운권을 추첨하는 경우가 있다. '이번에는….' 혹시나 하는 기대로 끝까지 남아서 내 번호가 불리기를 기다려보지만 결과는 항상 역시나였다. 칠십에 가깝도록 살아오면서 이렇게 일관되게 뽑히지 않기도 힘든 일 아닌가. 이 기적 같은 기록을 내가 유지하고 있다. 팔자가 추첨하고는 별 연관이 없는 탓이리라.

80년대 말, 주택복권이 인기 있던 시절이었다. 같이 근무하는 동료 열 명이 만 원씩 출자하여 십만 원짜리 "복권주식회사"를 설립하였다. 점심 자리의 농담이 현실이 된 것이다. 그 당시 주택복권은 한 장에 오백 원이었다. 6등은 번호를 네 개 뽑는데, 그중 하나가 복권 끝 번호와 같으면 상금 오백 원을 받는다. 본전인 셈이다. 본전 확률이 40%나 되는 제법 짭짤한 투자였다. 내가 관리책임을 맡았다. 한 주가 지나니 자본은 절반으로 줄어들었다. 주마다 반 토막을 거듭하던 자본은 결국 두 달을 못 버텼다. 주주들이 국민주택기금 마련에 작은 힘을 보탰다는 자위를 안주 삼아 술 한 잔으로 파산을 결의했던 씁쓸한 기억이 떠오른다.

"선배님. 그런데 왜 로또를 사세요? 당첨도 안 되는 로또를, 그것도 기분이 거시기한 날만 골라서…."

평소 나를 많이 좋아하고 따르는 후배가 당연한 질문을 해왔다.

"자네, 일체유심조의 뜻을 아는가?"

일체유심조一切唯心造는 불교의 화엄경에서 따온 말로 "모든 것은 오직 마음에서 지어내는 것"이라는 뜻이다. 그렇다. 세상사가 모두 마음먹기에 달렸다. 또 수수방원지기水隨方圓之器라 했던가. 물은 담는 그릇에 따라 모양이 달라지는 것처럼 마음도 어떤 그릇에 담느냐에 따라 긍정이 되기도, 부정이 되기도 한다. 너무 들어서 식상한 원효대사의 일화를 굳이 꺼내지 않아도 즐거움과 너그러운, 슬픔과 화냄도 그 밑절미는 같은 마음이니 행복과 불행도 나를 에워싸고 있는 환경이 아니라 내 속마음의 문제라는 것을 모르는 이는 아마 없을 것이다. 기분에 따라 하루가 달라지고 마음먹기에 따라 인생이 달라진다는 말에 대다수는 "나도 다 알고 있다."고 심드렁해 하겠지…. 그런데 그렇게 잘 알면서 왜 마음을, 남의 것도 아닌 내 마음을 다스리지 못해 욱하고 일 저지르고 후회하게 되는가?

마음조절은 가방끈의 길이나 지식의 깊이에 비례하지 않는다. 앎과 다르게 실행이 어렵다. 사람 마음이 참으로 얄궂고 묘한 탓이다. 마음처럼 미련한 것도 없다. 개도 주인은 알아보는데 마음은 자기의 주인도 못 알아본다. 내 것이 분명한데 내 뜻대로 움직여주지 않는다. 청개구리 같다. 숫제 제 마음대로다. 마음이 머리를 거부할 때도 있다. 살다 보면 머리로는 참을 인忍자를 수없이 되뇌며 다독이지만 마음은 이미 폭발해버리는 경우가 많다. 엎지른 물을 후회로 닦으며 머리와 마음은 같은 편이 아님을 깨닫게 된다. 하여 마음은 어린아이와 같이 끊임없이 어르고 달래야 한다. 참을성도 끊임없이 배워야 한다.

선악을 모르는 어린아이의 꾸밈없이 맑고 깨끗한 웃음을 보라. 사람의 마음은 본디 착한 것으로 생각한다. 살아가면서 변한다. 수양修養의 정도에 따라 마음을 담는 그릇의 모양이 아주 다양하게 변하며 크기도 색깔도 크게 차이가 난다. 현자賢者와 범인凡人의 나뉨이 여기서 발생한다. 이렇듯 인생은 마음먹기에 따라 달라진다는 것을 알면서도 마음을 쉽게 다스리지 못해서 삶이 달라지는 것 아닌가.

잘난 척 말하는 너는 잘하고 있냐고? 천만의 말씀, 만만의 말씀. 나도 마찬가지다. 밀도 있게 따져서 우열반을 가른다면 나는 아주 못하는 반으로 편성될 것이 분명하다. 나이가 먹어 갈수록 품이 넓어지며, 사리 분별의 지혜가 깊어지고, 주변을 돌아보는 여유가 넉넉해질 줄 알았는데 반드시 그렇지 않다는 것을 요즘 들어 자각한다, 남의 잘못은 칼같이 따지면서 내 잘못은 쉽게 인정하기가 어렵다. 자신에 대해서 더욱 엄격한 어른의 품위를 세우기보다 필요에 따라 잘잘못을 재단하는 잣대를 다르게 들이미는 꼰대 노릇은 늙었다는 말로밖에 설명할 다른 길이 없다. 희로애락의 속내가 얼굴에 그대로 드러나고 툭하면 솟구치는 욱 성질도 노화 현상으로 변명해야 하나. 몸이 늙으면 마음도 늙는 걸까?

무쇠보다 강하기도 하지만 바람결의 갈대보다 더 약한 것이 마음이라는데 요즘 내 마음이 그렇다. 산보다 크고 바위보다 더 무겁고 진중하다가도 휙 부는 한 줄 바람에 날리고 뒤집어진다. 모른 척 넘어가야 마땅한 일에 필요 없는 노여움이 생기고, 화를 내지르기 일쑤다. 아무 때나 그런 것은 아니다. 내 마음이 편안하고 여유 있을 때는 그러지 않다가도 기분이 가라앉거나 마음에 안 드는 일이 있으면 나도 모르게…. 혹시 우울증은 아닌지, 병원에 가봐야 하는 것은 아닌지 걱정이 되면서도 내심을 드러낸다는 것이 좀 그래서 스스로 조심하며 마음을 쉼 없이 잡도리하며 다스리고 있다.

마음을 다독이고 달래는 방법은 사람마다 손가락의 지문만큼이나 다양하지 않을까 싶다. 나도 그때그때의 기분과 형편에 따라 어르는 방법이 다르다. 기분 나쁜 예감이 들거나 지겹고 막연한 짜증이 생길 때는 얼른 분위기를 바꿔주어야 한다. 마음이 흔들리고 뒤집어진다는 기별이기 때문이다. 급하지도 않은 일을 들쑤셔가며 바쁜 척 일에 빠져보기도 하고, 친구들과 어울리는 것으로 풀 때도 있다. 땀을 원 없이 흘리며 운동에 몰입하거나 무작정 여행을 떠나기도 한다. 로또를 사는 것도 그중에 하나다.

로또는 허황한 꿈이 아니라 기다리는 동안의 설렘이며 상상의 밑절미다. 나는 평생 추첨에서 뽑혀본 일이 없으니 세상이 공평하다면 당첨 확률이 더 높은 건 당연한 일. 당첨의 기대가 기분 좋은 상상을 부르고 마음을 여름 하늘의 뭉게구름처럼 부드럽게 부풀려 둥둥 띄워준다. 빈 지갑이 두둑하게 느껴지고 마음도 푼푼해지니 이보다 더 쉽고 빠르게 효험이 나타나는 기분전환 방법도 흔치 않다.

"로또는 좋은 꿈을 꾼 다음 날 사야 한다는 자네 말이야 말로 가당찮은 꿈이네. 자네도 마음이 먹먹하고 거시기한 날, 로또를 사보시게. 우울했던 마음이 밝아지고, 마음이 밝아지면 필경 기분 좋은 일이 생길 것이네."

삐치 이야기

포메라니안 한 쌍을 기르고 있다. 그들 중 암컷의 이름이 '아롱이' 수컷은 '다롱이'다. 다가구주택인 우리 집 벽면에는 〈지앤제이〉라는 건물 이름이 크게 붙어 있다. 건물 이름이 엄연히 있는데도 동네 사람들은 우리 집을 '아롱이다롱이네 집'이라고 부른다. 나도 모르는 사이에 아롱이 다롱이가 우리 집의 표징이 되어버렸다. 열 세대가 넘는지라 들랑거리는 사람이 많다. 담장과 대문이 없는 탓에 지나던 행인도 들어와서 화단이나 텃밭을 둘러보고 개를 구경하는 일이 종종 있다. 이웃에 있는 어린이집과 미술학원에 다니는 아이들은 거의 매일 들러서 아롱이 다롱이와 놀다 간다. 아롱이 다롱이는 내왕하는 수많은 사람 중에 입주자와 방문객을 정확하게 구별해낸다. 아주 작은 체구지만 사납게 짖어대는 목소리 하나로 도둑 고양이마저 범접하지 못하도록 집을 지켜내는 강단이 있는가 하면 귀염을 받으려는 애교 또한 대단하다. 그래서인지 우리 가족과 입주자 모두가 그들을 아주 예뻐하고 사랑한다.

아롱이 다롱이는 원래 처남의 집, 방안에서 기르던 개였다. 재작년 이맘때였다. 우리 부부가 외출했다가 들어오니 마당의 창고 모서리에 낮은 철망 울타리가 쳐져 있고, 그 안에 개집과 함께 작은 개 두 마리가 묶여 있었다. 그러기 며칠 전, 처남에게서 전화가 왔었다. 비싼 애완견이 있는데 공짜로 줄 테니 한번 키워보라고 했다. 나는 알레르기를 이유로 거절했다.

"아무리 그래도 한 마리에 백만 원이나 하는 비싼 개인데 아깝지 않아요. 매형이 개를 별로 좋아하지 않는 줄은 알지만 한 번 키워보세요."

"애완견에게 자칭 엄마라고 하며 자식보다 더 애지중지하는 사람도 많던데 그런 사람이나 갖다 줘. 난 도대체 방안에서 개를 키우며 같이 먹고 자는 사람들 속을 알 수 없더라."

처남은 말없이 전화를 끊었다. 개를 아주 좋아하는 처남에게 내가 너무 심한 말을 했나 싶은 후회가 일었지만, 곧 잊어

버렸다. 그런데 개 두 마리가 갑자기 왔으니 틀림없이 처남이 그랬지 싶어 전화했다. 처남은 자기가 기르던 개였다며 그간의 처지를 설명했다. 소리에 민감한 이웃이 이사 와서 개를 기를 환경이 못 되었단다. 성대절제 수술만큼은 하고 싶지 않고, 그렇다고 개 때문에 이사 갈 수도 없고…. 더는 키우기 어렵게 된 사정이 이해되니 그의 거듭된 제안을 딱 잘라 거절하기 어려웠다. 한 마리에 백만 원이나 한다는 개의 값어치도 마음을 바꾸는 데 은근히 한 몫 거들었다.

하지만 아무리 애완견이라도 방안에서 개를 키울 수는 없다. 개는 개답게 커야 한다는 게 내 지론이다. 밖에 묶어두고 집 지키는 용도로 키운다는 조건을 달았다. 그렇게 해서 삐치 이후로 다시는 개를 키우지 않겠다던 마음을 접고 아롱이 다롱이를 우리 집에 받아들인 지 어느새 두 번째 가을이 지나고 있다.

시간은 지나간 기억을 증폭시키기도 하고 지워버리기도 한다. 세월이 흐를수록 아름답게 덧칠해져 애틋함이 묻어나는 상큼하고 들큼한 옛일이 있는가 하면 기억조차 하고 싶지 않은 일, 생각만 해도 팔뚝에 소름이 돋는 그런 일도 있다. 잊으려고 노력할수록 잊히기는커녕 마음에 가시처럼 박혀 참기 힘든 아픔이 되고 더욱 또렷하게 되살아나는 그런 일들이 누구에게나 한둘은 있기 마련이다. 내 마음에도 그런 가시가 있다. 이제는 너무 오래된 일이라 가시가 옹이가 되고 가슴을 콕콕 찌르던 아픔이 묵직한 동통조차 없이 한 살이 되어버린 삐치 이야기가 그것이다. 내 기억 속에는 두 삐치가 살고 있다. 하나는 사람이고 하나는 개다.

40년 가까운 세월이 흘렀다. 당시 말단 직원이었던 내가 모셔야 했던 상사 중에 K는 자주 삐치는 사람이었다. 그의 삐침은 불만족의 표시였고 그것이 받아들여지지 않으면 버럭 성을 냈다. 삐치기만 잘하는 것이 아니라 아래 직원을 다루는 일에도 매우 혹독했다. 전형적으로 약한 자에겐 강하고, 강한 자에게는 약한 사람이었다. 겉으로는 제법 선이 굵은 사람처럼 허세를 부렸지만 소심하기 짝이 없는 사람이란 소문이 파다했다. 윗사람을 상대로 삐치거나 당당하게 처신하는 것을 한 번도 보지 못했으니 소문이 틀림없었다. 공적인 업무에서 사감私感을 앞세우는 것도 모자라 사적인 영역에서까지 자기를 받들고 모셔주기를 바랐다. 그 당시는 조직문화가 매우 권위적이었다지만 그중에서도 K는 유별났기 때문에 정말 피하고 싶은 상대였다. 그때 동료들끼리 은어로 부르던 그의 별명이

'삐치'였다.

K와 직접적인 상하관계에 있던 나는 비켜설 수도 없었다. 더구나 성격이 고분고분하거나 상사의 비위를 맞추는 데 소질이 없던 나는 그와 자주 부딪쳤다. 업무적인 갈등은 시간이 갈수록 사적인 증오가 되어 쌓여갔다. 심하게 충돌했던 어느 날이었다. 사직을 각오하고 대들었다. 당신이 직접 하라며 서류를 집어 던지고 사무실을 나와 버렸다. 동료 서넛이 뒤따라 나왔다. 아마 화장실이라도 가는 척 눈치를 보며 슬며시 나왔으리라. 뒤따라온 동료 서넛과 시장통 선술집에서 K를 안주 삼아 막걸리 몇 잔으로 열을 식혔다. 동료들은 제자리로 돌아갔다. 그들은 어쩔 수 없는 말단공무원이었으며, 목구멍이 포도청인 서른 살 안팎의 가장들이었다.

나 혼자만 댕그라니 남겨졌다. 나는 돌아갈 곳이 없었다. 갑자기 세상이 막막해지고 혼자만 뒤처진 외톨이처럼 외롭고 초라하게 느껴졌다. 별수 없이 집으로 걸어가는데 등이 심하게 굽은 노파가 시장통 끝머리 모퉁이에 앉아 강아지 몇 마리를 놓고 팔고 있었다. 내 심사가 그래서 그랬던지 다른 때 같으면 예사로이 보아 넘겼을 그 광경에 연민의 정이 일었다. 어찌나 불쌍해 보이는지 깊은 생각 없이 하얀색 강아지를 한 마리를 샀다. 사과 상자에 강아지를 담아서 집으로 가는데 술기운에 괜한 짓을 했다는 생각이 들었다. 지청구를 늘어놓을 아내도 생각이 났다. 얼른 구실을 만들어야 했다. 그때 강아지의 이름을 '삐치'라고 짓고 강아지를 사게 된 이유를 K에게 덮어씌웠다.

대문 옆에 개집을 마련해서 묶어두었다. 퇴근할 때면 강아지가 먼저 알고 꼬리를 흔들며 마중 나왔다. 가족들 모두 그런 삐치를 아주 예뻐했다. 하지만 나는 아니었다. 식구들이 강아지를 부를 때마다 나는 사무실 삐치가 생각나고 나도 모르게 울화가 치밀었다. 그때마다 기도가 좁아진 듯 가슴이 답답했다. 그러니 나는 강아지를 도저히 예뻐할 수가 없었다. 아니 처음부터 강아지를 예뻐해서가 아니라 K로부터 받는 스트레스 해소용으로 키웠지 싶다. 그러니까 이름도 삐치라고 짓고 내가 사무실에서 K에게 받은 스트레스만큼 구박했던 것 같다.

한번은 사무실에서 K에게 당하고 퇴근하는 길에 애꿎은 삐치에게 분풀이한 적이 있다. 반갑다고 달려드는 삐치가 K로 보였다. 냅다 내지른 나의 발길질에 삐치는 "캥!" 하는 짧고 높은 소리의 비명과 함께 땅바닥에 나뒹굴었다. 아내가 얼른 나를 가로막으며 개의 목줄을 풀어주었다. 그 뒤로는 한 번도 그렇게 하지 못했다. 그날 일을 계기로 목줄이 풀린 삐치는 나보다 동작이 훨씬 빠르기도 했지만, 말 못 하는 짐승에게 화풀이 한 일이 후회스러웠기 때문이었다. 대신 내가 알고 있는 욕설을 최대한 동원하여 삐치를 향해 퍼붓는 것으로 스트레스를 풀었다. 마치 K가 내 앞에 있는 것처럼.

삐치를 키우기 시작한 뒤로 몇 달 지나지 않아 K와 헤어졌다. 그가 다른 부처로 전출된 때문이다. 영원히 만나지 않을 수 있게 되었다는 사실이 그렇게도 시원하고 후련할 수가 없었다. 헤어지면서 나눠야 하는 의례적인 악수조차도 싫어서 그가 전출 가는 날엔 연가를 내고 출근을 안 했다. K와 헤어지고 두 달 정도 지나서 기르던 삐치와도 헤어졌다. 통통하게 살이 올라 성견의 품위를 찾아가던 그를 개 도둑이 훔쳐간 때문이었다.

철책으로 경계를 쳐둔 아롱이 다롱이 집을 매일 물로 청소를 해준다. 여느 날처럼 오물을 치우고 물을 뿌려가며 바닥을 솔로 쓸어내는 내 모습을 물끄러미 보고 있던 아내가 물었다.

"그때 그 삐치는 살아계셔? 그 뒤로 한 번이나 만나봤어?"

아내의 물음에 까맣게 잊고 있던 K가 갑자기 생각났다. 그가 몇 해 전에 작고했다는 소식이 왔었지만 조문을 가지 않았다.

그때 K는 나한테 왜 그랬을까? 그에게 있어서 내가 삐치가 아니었을까? 그는 자기 집이나 여기저기서 받는 스트레스를 나에게 풀고, 나는 그것을 집에서 기르는 삐치에게 소심한 방법으로 ….

루왁 코피

루왁 코피라는 것이 있다. 세계에서 가장 비싼 커피로 알려져 있다. 내가 루왁 코피를 처음 알게 된 것은 수필가 안귀순 님의 〈커피 루왁〉이라는 작품을 통해서였다. 세상에 그런 커피가 정말 있을까 하는 의구심까지 들었던 그 커피. 서울 나들이 길에 백화점에 들러 찾아보았다.

명품만 진열된 커피 전문점에서 가까스로 찾았다. 와~ 커피 50g에 65만 원. 입이 딱 벌어지는 가격이었다. 세계에서 가장 비싼 커피다웠다. 저런 커피는 어떤 사람들이 마실까? 제대로 물어보지도 못하고 나오는 내가 너무 초라하게 느껴졌다. 서글프고 속상하고 허탈감 같은 분노와 함께. 도대체 무슨 맛이길래, 맛이 얼마나 좋기에 그렇게 비쌀까 하는 생각과

언젠가는 꼭 맛을 보고 말리라는 오기 같은 것이 뒤섞이며 괜히 찾아보았다는 후회가 밀려 왔다.

인도네시아어로 루왁(Luwak)은 긴꼬리사향고양이를, 코피는 커피(Coffee)를 뜻하는 말이다. 루왁 코피를 그대로 직역하면 긴 꼬리사향고양이 커피라고 할 수 있다. 인도네시아, 필리핀 등지에 서식하는 긴꼬리사향고양이는 커피 열매를 먹고 난 뒤 껍질은 소화하고 씨앗만을 배설한다. 이 배설물을 거두어 씻고 볶아서 생산되는 것이 루왁 커피라고 한다. 전 세계에서 연간 400~500kg 정도만 생산되기 때문에 가격이 엄청나게 비싸서 커피 한 잔(4g)에 5만 원 꼴이 되는 것이다.

사향고양이가 배설한 똥에서 추출한 것이 루왁 커피이니 결국 사향고양이의 똥을 비싼 값에 사서 마시는 것이다. 루왁 커피는 한마디로 똥차라고 해도 맞는 말일 것이다. 루왁 커피를 즐겨 마시는 사람들이 들으면 "무식한 놈"이라고 욕을 하겠지만….

이 루왁 커피 때문에 문제가 생겼다. 사향고양이에 대한 동물 학대 문제가 대두된 것이다. 자연에서 서식하는 사향고양이의 배설물만으로는 수요를 감당할 수 없으니 사향고양이를 생포해서 철창에 가두고 사육을 하는 것이다. 동물보호단체에서는 약 10만 마리 이상의 사향고양이들이 몸을 움직일 수 없는 철창에 갇힌 채 소화기관을 약하게 하는 유동식을 먹으며 커피 생산을 위한 기계가 되었다고 주장한다. 자연수명이 12~15년인 사향고양이가 농장에 잡혀가면 2~3년 만에 죽게 된다며 사향고양이가 사육되는 처참한 실상을 공개하고 불매운동을 벌이고 있다. 아무튼 이익을 위해서라면 물불을 가리지 않는 장사꾼들의 행태는 우리나라나 외국이나 비슷한가 보다.

이렇게 귀하고 값비싼 루왁 커피를 편의점에서 한 잔에 3천 원이면 사서 마실 수 있게 되었다. 어느 편의점이 의욕적으로 출시한 덕분이다. 당연히 나의 호기심이 발동하였다. 꼭 마셔 보고 말리라는 오기를 풀어낼 좋은 기회가 온 것이다.

한 잔에 5만 원이나 하는 커피를 어떻게 3천 원에 팔 수 있을까? 평소에는 거의 보지 않는 원재료명 및 함량표시를 꼼꼼하게 살펴보았다. "루왁 커피 추출액(고형분 5% 이상/커피생두: 필리핀산) 0.76%"라고 표기되어 있었다. 식품 함량표시 기준에 대해 잘 모르지만 아무튼 루왁 커피 추출액이 0.76%에 불과하다면 무늬만 루왁 커피임이 틀림없으리라. 자연산에서 추출했다는 주장이 사실이겠지만 쉽게 믿기 어려웠다. 머지않아 폐기 품목에 오를 것 같은 예감이 들었다. 나는 얄팍한 상술에도 비위가 상했지만 사육되는 루왁이 생각나서 검은색 포장지에 담긴 물건만 확인해보고 사지는 않았다.

나는 루왁 커피를 마셔본 일이 없다. 물론 인도네시아 사향 고양이를 본 일도 없다. 동물애호가나 보호론자도 아니다. 그런데 왜 루왁 커피에 민감하게 반응하며 열을 올릴까? 이제 마흔도 쉰도 아닌 예순을 훨씬 지나 칠십에 가까운 나이에, 잡다하고 시시한 것들은 관심 밖에 둘 나이에, 새로운 것들이 신선함이 아니라 불편함으로 다가오는 이 나이에 뒤늦게 이름도 생경한 루왁 커피를 마셔봐야겠다는 진짜 이유는? 설마 커피 한잔으로 루왁 커피를 마시는 1%의 가진 자들과 어깨를 나란히 할 수 있는 것도 아니고 설령 마셔 본다고 해도 나같이 맛에 둔감한 사람에게는 그게 그것일 것을 뻔히 알면서도 꼭 마셔보아야겠다고 덤비는 것은 아마 가지지 못한 자의, 누려보지 못한 자의 치졸한 오기이지 싶다.

풍광의 아름다움은 손대지 않은 자연에서만 찾을 수 있듯이 식품도 자연에 가까울수록 제 맛을, 제 향을, 제 영양소를 지니고 있다. 하우스가 아닌 노지에서 햇볕과 바람과 비에 의해

키워진 제철 과일과 채소의 우월함을 놓고 시비할 사람은 없겠지. 그래서 우리는 자연산을 귀히 여기고 조금 비싸도 자연산을 찾는 것 아닐까. 자연에 역행하며 공장에서 생산하듯 얻은 루왁 커피는 그 맛과 향 자체도 자연산과는 확연하게 다를 게 분명하다. 이름값으로 루왁 커피를 찾는 호사가들은 루왁 커피의 제대로 된 맛을 알기나 할까?

나의 불매가 소소하나마 생명을 단축해가며 똥 싸는 기계로 전락해버린 사향고양이의 자연스러운 삶에 도움이 되었으면 좋겠다. 루왁 커피 애호가들이 제대로 된 분별력으로 공장에서 대량생산하듯 루왁을 혹사하여 얻은 커피를 거부한다면? 긴 꼬리 사향고양이는 감옥 같은 우리에서 풀려나 자연으로 돌아갈 수 있지 않을까. 그러나 루왁 커피는 생산량이 줄어드는 만큼 그 값은 더 비싸지겠지. 그래도 생산업자는 걱정할 일이 없다. 생산이 줄어든 만큼 가격이 오르고 아무리 가격이 올라도 가진 자들의 호사는 그치지 않을 테니까.

혹시 모르겠다. 이 글이 전 세계 루왁 커피 애호가들의 공명을 일으켜 일제히 루왁 커피를 거부한다면 루왁 커피 값이 똥값이 될지도…. 사실 루왁 커피는 루왁의 똥으로 만드니 똥의 가치는 똥값이 맞는 거 아닌가. 그때가 되면 나도 한잔 마셔봐야겠다.

봄비 내리는 아침

봄비가 소리 없이 내리고 있다. 보슬보슬 내리며 이 세상 모든 소리를 토닥여 잠재웠는지 아무 소리도 들리지 않는다. 밤새 내린 모양인데 비 오는 줄도 모르고 잤다. 봄비는 도둑고양이 같다. 움직임은 있는데 소리가 없으니 말이다. 봄에 내리는 비는 원래 이래야 좋다. 주룩주룩 내리는 비는 왠지 봄비 같지가 않다. 가늘고 고운 실비라야 제맛이 난다. 사물이 분간되기 시작하는 시각에 보슬비까지 소리 없이 내리는 분위기를 나는 좋아한다. 좋은 글을 찾아 읽거나 상념에 젖어 끝없는 상상의 나래를 펴기 좋기 때문이다.

조용히 일어나 앉아 여러 가지 생각을 정리하며 마음을 다

잡고 있는데 밖에서 어서 나오라고 재촉한다. 나는 봄비의 성화에 못 이겨 옥상으로 나갔다. 겨울을 난 해충이 있을까 싶어 겉껍질을 모두 벗겨버린 포도나무가 두 팔을 양옆으로 벌리고 소리 없이 내리는 비와 어우러지고 있다. 머지않아 움트게 될 새싹을 위해 간절히 기도하는 포도나무의 소원을 하나님께서 비로 응답하신 것 같다.

옥상 난간 너머로 보이는 건너편 도로는 피부 결이 좋은 여인네의 민낯처럼 깨끗하다. 유난히도 추웠던 지난겨울에 얼었다 녹기를 반복하며 얽을 대로 얽어버린 도로인데 오늘따라 정갈하고 반듯하게 보인다.

봄비가 내리면 세상 풍경이 달라진다. 봄비의 다순 숨결이 겨우내 움츠렸던 나무들을 간질이며 긴 잠을 깨운다. 만물에 생기가 돌기 시작한다. 성격 급한 매화는 일찍부터 꽃을 피워 봄을 반긴다. 봄은 바쁘다. 눈에 보이는 그것들도 바쁘지만 땅속에서는 더 바쁘다. 봄은 고요 속에 오지만 그 고요는 무음無音이 아니다. 단단한 나뭇가지의 생살을 찢는 비명과 새순을 틔운 환희의 외침, 연녹색 새 생명이 땅을 뚫고 뒤집는 아우성 속에 봄은 온다. 봄은 결코 소리 없이 오는 것이 아니다. 봄만큼 어지럽고 시끄러운 계절이 있을까.

나도 모르게 발걸음이 옥상에서 마당의 텃밭으로 옮겨졌다. 봄비에 홀린 것이다. 촉촉이 젖은 텃밭에서는 막 올라오기 시작한 새싹들과 어제 모종으로 옮겨 심은 상추와 쌈채들이 알맞게 내리는 비와 교제하느라 저마다 아우성이다. 갓난아이의 손처럼 앙증맞은 떡잎 두 개로 내리는 비에 화답하는 새싹에서 풋풋한 생명력을 느낀다. 여리디여린 저들이 무슨 힘이 있었을까? 부드러운 것으로 강한 것을 이긴다는 이유극강以柔克强을 현장에서 눈으로 배운다.

어제만 해도 잘 보이지 않던 것들이 하룻밤 사이에 모양새가 또렷해졌다. 얼마 내리지 않은 비에도 몰라보게 자라는 새싹들이 그저 경이로울 뿐이다. 자연의 섭리가 놀랍고도 아름답다. 상추와 치커리는 얼굴을 하늘로 젖힌 채 두 팔을 벌리고 서서 단비를 맞아들이고 있다. 가는 실비에도 물방울은 튀나 보다. 지면에서 제일 가까운 넓은 잎은 먼저 태어난 장형답게 튀기는 흙 알갱이를 온몸으로 받아내며 동생들을 보호하고 있다.

매화가 흐드러진 매실나무 가지에는 실비가 만들어 낸 수정이 줄줄이 매달려 있다. 앵두나무는 가지가 곧추세워져 있어서인지 수정이 달리지 않는다. 수직적 관계보다 수평적 관계를 더 중요시하라는 가르침 같다.

새로 돋는 생명을 들여다보는 일은 참으로 신기하고 애틋하다. 가슴에 따뜻한 기운이 꽉 차오른다. 우산도 쓰지 않은 채 텃밭 가장자리에 앉아 생명의 소리를 듣다 보니 나도 모르게 옷이 젖었다. 그래도 오늘 같은 아침이 아니면 느낄 수 없는 분위기여서 쉽게 일어서지 못한다. 담장 쪽으로 자리 잡은 나무들은 소리 없이 내리는 비에 몸을 씻고 겨우내 올라앉은 먼지를 벗어내서 그런지 보기에 목피가 산뜻하다. 가만히 손을 내밀어 잡아본다. 아직은 차갑다. 그러나 싫지 않은 차가움이다. 내 손의 온기를 나무에 전하며 서로의 생명을 공감한다. 생명의 축복이 넘쳐나는 아침이다.

단비는 지금 내리는 이 비를 두고 하는 말 같다. 농사를 시작하는 봄에 가뭄이 심하면 농민들은 가슴이 타들어 간다. 가뭄에 땅이 거북등처럼 갈라질 때 농민의 가슴은 가리가리 찢긴다. 올봄은 연일 건조 특보가 이어질 만큼 가뭄이 심했으니 봄 농사를 준비하는 농민들은 얼마나 애를 태우며 비를 기다렸을 것인가. 아마 오늘 이 비는 애가 타는 농민들의 축수를 들으신 하나님의 응답이리라. 촉촉해진 대지에 내 마음도 덩달아 촉촉해진다.

봄에 내리는 비는 우리에게 주는 것이 많다. 봄비가 한 번씩 올 때마다 초목은 새롭게 태어나고 자라며 결실의 희망을 키운다. 비가 오고 나면 그때마다 기온이 오르고 꽃을 피운다. 화창한 봄날은 봄비가 만들어 내는 요술이 틀림없다.

더럽고 추한 것, 나를 힘들게 하는 것들은 모두 이 아침의 봄비에 요술처럼 씻겨 내려가고 깨끗하고 밝은 것만 남았으면 좋겠다. 봄비 따라 기온이 오르듯 이 세상도 함께 따뜻해지기를 소원해 본다.

넷째 마당

우리만의 전설

영산암에 홀린 날

소쇄한 아침, 비가 내리고 있다. 천등산의 위엄이 세속의 모든 소리를 잠재웠는지, 아니면 나그네의 새벽 단잠을 도우려고 비가 새 울음마저 삼켜버렸는지 모르겠다. 어젯밤엔 죽은 듯 깊은 잠을 선물 받았는데, 아침에는 민박집 툇마루에 앉아 비의 운치를 즐기는 우수리까지 얻었으니 이보다 더 좋을 순 없지 않은가.

아침 산책 겸해 빗속을 걸어갈 요량으로 우산을 챙겨 들고 일어섰다. 민박집 할머니는 손사래를 치며 말렸다. 비가 오는 데다 아침밥이 너무 늦어질까 걱정하시는 것 같았다. 별수 없이 승용차로 올라갔다. 봉정사 바로 아래 주차장까지는 금방이었다.

봉정사의 초입을 지키는 220년 된 소나무가 먼저 알은 척을 했다. 문지기의 근엄한 표정은 어제 그대로였지만, 오늘 또 만나니 벌써 구면이라고 반가운 모양이다. 허리가 구부정한 모습에서 고집을 읽는다. 사람이 아무리 모양을 잡아주고 변형시켜도 나무는 타고 난 방식대로 자란다. 자연은 다 그런 것 같다. 이리 파헤치고 저리 비틀어대는 인간의 무모함을 탓도 하지 않는다. 그저 가만히 받아들일 뿐이다. 그러나 사람이 자연만큼 오래 산다면 멋대로 파헤쳐지고 상처 입은 자연이 먼 훗날 제 모습으로 제자리에 돌아와 있는 것을 다시 보게 되리라.

어제 봉정사를 둘러보다 석양 머리가 되어버렸다. 뭔가 아쉽고 후딱 일어서고 싶지 않은 마음에 만세루 대청마루에 걸터앉아 대웅전을 바라보다 그만 어둑어둑해졌다. 곧바로 어제 아껴두었던 영산암을 향했다. 봉정사를 끼고도는 길을 따라 진여문을 지나쳐 오르면 계곡을 사이에 두고 왼쪽이 봉정사, 오른쪽이 영산암이다.

영산암 입구의 돌계단은 원래 비탈진 오솔길이었다고 한다. 〈달마가 동쪽으로 간 까닭은〉이란 영화를 찍은 뒤로 찾는 이들이 많아져서 계곡을 메우고 돌계단을 만들었단다. 편리해진

건 좋지만, 계곡을 징검징검 건너는 재미와 오솔길에서만 맛볼 수 있는 그윽한 멋은 가뭇없이 사라져버렸다.

영산암은 봉정사에 딸린 암자다. 거리로 보면 같은 경내에 있는 것이나 마찬가지다. 40개의 돌계단 층계를 다 오르자 제법 너른 평지 왼편으로 우화루가 품 넓은 인자仁者처럼 널찍이 팔을 벌리고 있다. 우화루, 부처가 설법할 때 꽃이 비처럼 쏟아졌다는 데서 따온 이름이다. 영산암의 첫인상치고는 너무 낡았지만 모든 허물을 다 덮어줄 것 같은 인자한 할아버지 얼굴 같다. 우화루 가운데엔 영산암 마당으로 들어가는 작은 문이 뚫려 있다. 여기서부터 속계俗界와 영계靈界가 나뉘는 경계선이다. 영계에 이르기 위해선 모든 사람이 머리를 숙이고 돌로 쌓은 계단을 천천히 올라야 한다. 쉽사리 열어주지 않으려는 도도함이다. 머리를 숙이는 겸손함이 없으면 영계에 오를 수 없다는 가르침이 숨어있는 것 같다. 돌계단의 마지막 단을 딛고서니 전체 모습이 한눈에 쏙 들어오며 몽환적인 그림 한 장이 펼쳐진다.

단을 높인 안쪽에 응진전과 삼성각이 자리하고 있고 아랫단 양쪽으로 관심당과 송암당이 마주 보고 있다. 그 안에 그리 넓지 않은 마당이 있다. 마당과 건물이 사방에서 서로를 감싸

거나 기댄 것 같은 모습이 고졸하면서도 조밀한 조화를 이루고 있다. 마당을 3단으로 나누고 각기의 자리에 맞게 맞춤으로 구성하여 단조롭지 않고 아기자기하다. 복잡하지만 번잡하거나 요사스럽지 않고 대부분의 절집과 달리 건물마다 마루가 있다. 관심당에서 우화루를 거쳐 송암당까지 'ㄷ'자 형태로 배치된 건물과 건물이 마루를 통해 서로 이어져 있다. 한옥 구조의 특징인 'ㅁ'자 형태의 구조나 정원의 사사로움이 절집이라기보다는 자연 위에 살포시 내려앉은 반가班家의 고택 같다.

영산암에서는 작은 것 하나도 그냥 지나치기 어렵다. 나뭇가지를 꺾어 끼워둔 문고리까지도 시선을 끄는 힘이 있다. 송암당 앞의 큼직한 반송은 분명 누군가 정원수로 심었겠지만, 처음부터 그 자리에 있었던 것처럼 자연스럽다. 가지가 너무 가느다란 나무에 맺힌 빗방울을 서로 털어주기라도 하듯 아느작거리는 소리가 자연을 부르는 주문처럼 들린다. 영산암 자체가 자연을 비키게 하고 인위적으로 자리 잡은 산사지만 이제는 오히려 자연보다 더 자연스러운 모습으로 자연을 불러들이고 있음이리라.

응진전은 얼마나 낡았는지 현판 글씨조차 읽기가 힘들다. 퇴색하고 삐걱거리며 거칠거칠한 모습에서 흘러간 세월을 느낄 수 있다. 낡고 오래된 기둥에 가만히 손을 대니 많은 이야기를 건네고 싶어 하는 것 같다. 삼성각 쪽으로 발길을 옮겼다. 삼성각, 작은 공간에 어떻게 이처럼 깊음이 있을 수 있을까? 그리 깊숙한 공간이 아닌데도 세상과 단절된 고요를, 아침 이른 시각이라서 느끼는 그런 고요가 아닌 고요를 느낄 수 있다. 이 작은 암자가 얼마나 깊은 속내를 가졌는지 알 것 같다.

우화루의 누마루에 앉은뱅이 의자가 하나 놓여 있다. 아마 스님이 명상도 하고 바깥세상을 살피는 자리인 것 같다. 스님은 저기에 앉아 속세를 보며 어떤 생각을 할까? 속세의 중생들을 불쌍해할까, 부러워할까? 자못 궁금하다.

비가 잦아들었다. 다리를 쉴 겸 송암당 툇마루에 걸터앉아 정원을 바라보고 있노라니 절집을 지키던 단단한 고요가 나를 에워싼다. 어린 시절 시골집 뒤란의 낮은 굴뚝에서 나온 연기가 물감 번지듯 퍼지며 마당을 뒤덮던 그것처럼 삼성각의 깊음에서 시작된 고요가 오르락내리락하며 온 정원을 덮어 버렸다. 고요가 물먹은 솜처럼 무겁다. 절집을 휘감고 있는 적막이 외부의 자극을 차단하고 내면과의 깊은 만남을 주선한다. 난분분한 생각들이 두서없이 들랑거리던 마음도 차분히 가라앉으며 우물처럼 깊어진다. 몰입이다. 불자佛者도 아니면서 이묘한 분위기에 끌리고 깊은 사유에 빠지게 됨은 어인 연유인가? 아마도 영산암에는 알 수 없는 마력이 있는 것 같다. 일어나야 하는데 올무에 걸린 듯 떨치고 일어나기가 쉽지 않다.

어느새 비는 그치고 햇살이 내리고 있다. 비가 온 뒤끝의 햇볕에 정원의 풀포기까지도 더욱 선명해지고 빛이 난다. 두런거리던 소리가 점차 또렷해진다. 탐방객 무리가 올라온다. 절집의 고요는 세상 소리와 겹치며 사그라지고 기름기가 반질반질한 세상 소리만 점점 커졌다.

홀림에서 벗어났다. 더 깊이 빠져들 수 있었는데…. 아쉬움이 남는 기분 좋은 홀림이었다.

나 한국 사람이야

"퍼펙트(perfect)."

시험지 채점을 마친 거구의 여자 감독관이 환하게 웃는 얼굴로 일어서서 악수를 청하며 알아듣기 힘든 말로 몇 마디를 보탰다. 나는 갑작스러운 악수요청에 그가 무슨 말을 하는지도 모르면서 미국인 감독관의 손을 맞잡고 답례를 했다.

"땡큐(thank you)!"

나의 영어 실력이 형편없는 탓도 있지만 그녀의 말이 너무 빨라서 도무지 알아들을 수가 없었다. 그녀가 내게 무엇이라고 말했는지 궁금하여 옆에 서 있던 유학생 차림의 한국인에게 물어보았다.

"저 사람이 지금 뭐라고 했나요?"

"선생님! 축하드립니다. 100점 맞았다고 하네요. 한국 어디에서 오셨어요? 이민 오셨나요?"

반바지에 양말도 신지 않은 샌들 차림의 늙수그레한 내 모습이 막차 탄 이민자처럼 보였나 보다.

"아닌데요. 전주에서 관광차 왔습니다."

그는 대화를 이어가고 싶은 눈치였지만 나는 짐짓 모르는 척 뒷모습을 보이고 시험장을 벗어났다. 미국 운전면허를 따야 했던 이유를 설명하려면 이야기가 긴 까닭도 있고 한국에 있는 친구에게 자랑하고 싶은 마음이 급해서.

"나 미국에서 운전면허 시험 합격했네."

무심코 문자를 보내고 보니 우리나라는 새벽 세 시. 아차! 싶었는데 얼마 되지 않아 드르륵드르륵하며 진동이 울렸다. 답장이 온 것이다.

"거짓말이 늘었군. 자네 영어 못하잖아!"

임시운전면허를 사진으로 찍어서 보냈더니 그 친구가 잠이 싹 달아났다며 어떻게 합격했냐고 묻는다.

나는 1년 가까이 아메리카대륙을 횡단하는 자동차여행을 준비해 왔었다. 처음에는 우리 부부 둘이서 출발하는 것으로 계획했으나 경비도 줄이고 운전부담과 부족한 영어문제도 해결할 겸해서 내가 다니는 교회 목사님과 장로님 부부를 더해 다섯 명이 동행하기로 했다. 그러나 시간이 가면서 길동무가 하나둘 늘어 결국에는 열 사람이 되었다.

코스는 서부의 LA에서 출발하여 10번 고속도로를 타고 미국의 남부를 서쪽에서 동쪽으로 가로질러 동쪽 끝인 마이애미에 도착한 다음, 땅 끝에 있는 마을 키웨스트까지 가는 것으로 하였다. 돌아오는 길은 서북쪽으로 가로질러 와이오밍주에 있는 옐로우스톤 국립공원까지 올라갔다가 라스베이거스, 샌프란시스코를 들러서 LA로 돌아오는 경로를 택했다. 미국 전역을 직삼각형으로 가르며 도시지역보다 우리나라에서 볼 수 없는 자연경관을 섭렵하는 국립공원 순례 여행을 계획한 것이다.

자동차를 렌트하여 직접 운전하며 한 달여간 모두 18개 주 17,000㎞가 넘는 거리를 주파하는 강행군이다. 죠수아트리, 화이트샌드, 칼스베드커번스, 비스케인, 에버그래드, 베드랜드, 옐로우스톤, 아치스, 그랜드캐니언, 브라이스캐니언, 요세미티, 데스벨리 등 모두 열네 군데의 국립공원을 비롯하여 올랜드 디즈니랜드, 마이애미비치, 키웨스트, 페블비치 등 모두 서른 군데의 이름난 자연경관을 찾아보는 힘든 일정인 만큼 먹을 것, 입을 것은 물론 국제운전면허까지 아주 꼼꼼하게 챙기며 준비를 했다.

마지막 점검과정에서 문제가 생겼다. 운전면허에 문제가 붙은 것이다. 자동차 여행의 운전면허는 전쟁터에서 군인의 총과도 같은 것이다. 국제 운전면허를 발급받으면 미국에서 3개월간은 우리나라 면허로 운전할 수 있다. 우리는 모두 국제운전면허를 발급받았다. 우리나라 보통운전면허에 해당하는 국제면허는 운전자를 포함하여 9명까지 탑승한 자동차만을 운전할 수 있게 되어 있었다. 그런데 우리 일행은 모두 10명이었다. 물어물어 캘리포니아 교통국(Department of Motor Vehicles)에 문의하였더니 미국의 보통운전면허가 있으면 탑승자가 10명 이내인 차량의 운전이 가능하다고 했다. 미국은 우리나라처럼 자동차의 승차정원으로 제한하는 것이 아니어서 15인승 롱밴(long van)도 10명 이내로 탑승하면 보통운전면허로 운행할 수 있는 것이다.

그러나 문제는 미국 운전면허였다. 영어도 짧고 미국법도 모르는 우리가 미국 운전면허 시험에 어떻게 합격할 수 있단 말인가? 앞으로 미국에서 자동차여행을 계획하고 있는 독자가 있다면 여기에서 주목해야 한다. 여권과 국제운전면허 그리고 우리나라 운전면허증을 제시하면 시력검사와 필기시험만으로 3개월짜리 임시운전면허를 발급받을 수 있다. 문제는 영어인데 그건 어떻게? 모든 지역이 다 그런 건 아니지만 캘리포니아주의 경우 필기시험을 지정된 언어 중에서 수험생이 선택하게 되어 있다. 물론 한국어도 선택 가능한 언어로 지정되어 있다.

인터넷으로 부랴부랴 시험접수를 했다. 시험언어선택은 당연히 한국어로. 친지에게 부탁해서 운전학원용 시험 문제지를 이메일로 미리 받아 비행기 속에서 공부했다. 미국 운전면허 필기시험은 모두 50문제로 오답이 6개 이내이면 합격이다. 시험은 우리나라처럼 도로교통법 위주가 아니라 운전자가 기본적으로 지켜야 할 사항과 표지판에 관한 내용이 대부분이고 문제는 세 가지 유형으로 정형화되어 있으며 운전학원에서 배포한다. 시험은 예상문제지 그대로 출제되었다.

어떤 시험이든지 시험은 긴장감을 동반한다. 그것도 외국에서 현지인들 틈에 끼어 치르는 시험은 더욱 긴장할 수밖에 없다. 그러나 막상 시험지를 받고 보니 어이가 없어 피식하는 웃음이 나왔다. 예상문제지와 판박이인 것도 그렇지만 우리나라 수준으로 보면 고등학생이 초등학생 시험지를 가져다 보는 시험이니…. 시험의 긴장이 풀리면서 이상한 감격이 마음 그득히 차올랐다. '영어의 나라 미국에서 우리나라 말로 된 시험지로 미국운전면허시험을 치르다니….' 이것도 국력 아닌가.

그러고 보니 해외여행을 하다 보면 외국인이 "안녕하세요?" 하면서 우리말로 말을 걸어오는 일이 자주 있다. 말춤이 전 세계를 휩쓸더니 우리 노래와 드라마에 세계 젊은이가 열광하고 있다. 우리나라 드라마를 보기 위해 한국어를 공부한다는 이탈리아 사람을 만난 적도 있고, 나도 모르는 우리나라 노래를 흥얼거리며 노래 부른 그룹을 아느냐고 묻는 브라질사람을 만난 일도 있다. 한류의 뜨거운 바람이 아시아를 넘어 지구촌 이곳저곳에서 불고 있음을 쉽게 느낄 수 있다. 우리 대한민국이 우리가 알고 있는 것보다 더 대단한 나라임이 틀림없다.

영어의 나라 미국에서 한국어로 치른 운전면허시험과 시험감독관의 "퍼펙트(perpect)"라는 한마디가 그간 해외여행을 하며 느꼈던 한류의 뜨거움과 어우러져 내 가슴에 뻐근하고 기분 좋은 아픔을 전달한다. 본능과도 같은 애국심이 격하게 울컥 솟구치며 눈물이 핑 돈다. 그렁그렁해진 눈을 아닌 척 깜

빡이면서 큰소리쳐 본다.

"이거 왜 이래! 나 한국 사람이야, 한국 사람이라고…."

떡절

엄청나게 덥다. 그늘에 앉아 움직임을 최소한으로 줄여도 땀이 줄줄 흐른다. 어디로든지 떠나야 할 것 같다. 나는 항상 '휴가(休暇)란 집에서 편히 쉬는 것(休家)'이라는 논리를 펴왔지만 올여름 같은 더위에는 도저히 집안에서만 있을 수가 없었다. 이왕 나선 길, 지난 몇 달간 벼르기만 했던 곳을 찾아보기로 했다. 지난봄의 끝물쯤이었던 어느 날, 인터넷을 검색하다가 '떡절'이라는 이름의 절을 알게 되었다.

'무슨 절 이름이 이래?'

처음 대하는 사찰의 명칭 자체가 워낙 생경한 데다가 참 재미있기도 하고 너무 촌스러워 오히려 친근감이 생겼다. 거기다 "달아나는 개에게 떡을 물렸다."는 창건 유래가 반풍수의 호기심을 자극했다. 언제 한 번 직접 가서 보리라 마음먹었지만 벼르기만 했을 뿐 차일피일 미루던 끝에 더위를 핑계 삼아 실행에 옮긴 것이다.

전주에서 청도까지 쉬엄쉬엄 달렸더니 다섯 시간 가까이 걸렸다. 자동차 여행을 하면서 휴게소마다 들러서 구경도 하고 군것질하는 맛도 아주 쏠쏠한 여행의 맛 중 하나가 아닌가. 참새가 방앗간 들르듯 휴게소를 들렀으니 다섯 시간도 짧다고 할 수밖에.

청도읍에서 떡절로 들어가려면 청도천淸道川을 건너야 한다. 청도천을 횡단하는 차도車道는 교량이라고 하기엔 너무 빈약한 잠수교 구조물로 되어 있었다. 그나마 전날 내린 폭우성 소나기로 냇물이 불어 넘쳐서 육안으로는 보이지도 않았다. 현장 안전지도를 하고 있던 소방대원이 "조심하면 건널 수는 있다."고 말해주었지만 내 재주로는 어림없는 일. 승용차를 포기하고 걷기로 했다. 한참을 돌아가면 천변 차도에서 주구산으로 바로 이어지는 보도용 철다리가 있다. 다리 이름이 절하고는 영 안 어울리는 파랑새 다리다. 차도가 우선인 요즘 세상에 차 다니는 다리는 옛날식으로 그대로 두고 사람이 걸어 다니는 다리는 어울리지 않을 만큼 크고 웅장하게 만든 것은 무슨 뜻이 있는 걸까? 숨겨진 깊은 뜻이 있어 보이진 않는다. 아마도 정책 실수이거나 과시 행정의 결과물이겠지 싶다. 파랑새 다리를 건너니 절까지 나무 경사로가 곧바로 이어진다. 절 이름하며 다리 이름, 요즘 세상에 보기 드문 물에 잠기는 차도에 산 초입부터 정상까지 굽이굽이 경사로를 온통 나무로 이어붙인 등산로까지 영 안 어울리는 것들이 여기에서는 묘하게 조화를 이루고 있었다.

절에 다다르니 대문 없이 한쪽이 허물어진 듯 툭 터진 기와 담장이 나를 마중했다. 절집이라기보다는 마치 여염집 같다. 누군가 꼼꼼하게 비질을 해뒀는지 단정하게 정돈된 마당에 한 줄기 바람이 지나며 등줄기에 배인 땀을 재운다. 이상하다. 볕을 가려줄 그늘막도 없고 바람을 일으킬 큰 나무조차 없는데 어디서 오는 바람이며 시원함인가? 스님들도 더위를 피했는지 움직임이 없는데 더위에 신이 난 매미만 소리의 셈여림을 조절하며 절을 지키고 있다. 발악하듯 울어 잦히는 도심의 매미울음과 다르게 부채질하듯 쾌적하고 서늘한 매미 소리가 바람을 부르는듯하다. 요사채 댓돌에 가지런히 놓인 하얀 고무신 한 켤레가 나를 바라본다. "내가 너의 행동을 유심히 지켜보고 있으니 아무도 보지 않는다고 허투루 생각하거나 행동하지 마라."는 위엄 있는 경고처럼 느껴진다.

한단 높이 솟아 자리한 영산보전靈山寶殿을 중심으로 아래 뜰에는 명부전, 삼성각, 승방과 요사채가 적당한 간격을 두고 호위하듯 자리 잡고 호응하고 있다. 오백 년 가까이 된 절이면서도 절집을 새로 지은 지 십 년밖에 안 되는 탓인지 사찰의 고졸함보다 새 힘이나 젊음이 느껴졌다. 수행의 도량이기보다는 마음이 어지럽고 권태가 일 때 조용히 쉬면서 일상을 추스르는 쉼터 같은 느낌이다. 마당 한편의 텃밭과 요사채 뒤의 장독대가 정겹다. 수행의 엄정함보다는 생활의 친숙함이 더 큰 탓이리라.

떡절은 경상북도 청도의 주구산에 있는 사찰이다. 엄연히 덕사德寺라는 공식 명칭이 있지만, 인근 주민들은 떡절이라고 부르며 그게 더 알려진 이름이다. 떡절의 역사적 유래는 매우 오래전으로 거슬러 올라간다. 절의 창건은 신라 말이나 고려 초라고 하지만 현재의 떡절이 세워진 것은 조선 선조 때이다. 떡절이 자리 잡고 있는 주구산走狗山은 동서로 길게 늘어진 석벽이 주구走狗라는 명칭 그대로 개가 내달리는 형세를 하고 있다. 여기에서 떡절이라는 이름의 수수께끼를 푸는 열쇠를 찾을 수 있다.

주구산이 있는 화양고을 입장에서 볼 때 개가 내달리면 고을의 정기가 밖으로 빠져나가서 고장이 쇠퇴하고 인물이 배출되지 못한다고 믿었던 것이 풍수 사상에 근거한 당시의 관념이었다. 선조 9년(1576년)에 청도군수로 부임한 황응규가 비보裨補의 방법으로 주구산의 입 부분에 절을 세우고 이름을 떡절이라 했다고 한다. 달아나는 개에게 떡을 물려 제자리에 머물게 한 것이다. 한자로는 병사餠寺라고 표기한 것이 오늘날에 이르러 덕사德寺로 변천한 것이다. 우리는 흔히 명당을 찾는 것이 풍수라고 알고 있지만 땅의 결함을 찾아 보태거나 채우는 비보도 풍수 사상의 일부이다.

절집 담장 밖에 있는 나무 그늘 밑 평상에 앉아 잠시 더위를 피하는데 매미 소리가 자지러진다. 무너지듯 슬그머니 누워서 하늘을 본다. 하늘 가득 오랫동안 잊고 있었던 얼굴 하나가 떠올라 물끄러미 나를 내려다본다. 인자한 미소가 따뜻했던 J 과장님의 젊은 모습이다. 그는 내가 공무원 초년병시절에 모시던 상사였다. 당시 나는 가장 말단기관에 근무하고 있었는데 진급과 장래를 위해서는 상급기관으로 가야 했다. 그러나 갈 수가 없었다. 수요보다 공급이 턱없이 적으니 하늘의 별 따기인 데다 그때만 해도 인맥과 금권이 판을 치던 시대였다. 배경도 줄도 없던 나에겐 그저 남의 잔치에 들러리 서는 것으로 내 역할은 끝이었다. 좌절감과 반발 심리로 심각하게 이직을 모색하고 있던 어느 날, 당시 부읍장이셨던 J과장님이 나를 불렀다.

"자네 K군청으로 전출 갈 생각 없나?"

찬밥 더운밥 가릴 형편이 못됐던 나는 흔쾌히 수락했고 J 과장님은 K군청으로 전출뿐 아니라 주요부서에 배치되도록 뒤를 봐 주셨다. 평소에 나를 눈여겨보았던 그가 나의 줄 없고 돈 없는 부족함을 채워주신 것이다. 그 덕에 K군에서 업무처리 능력과 열성을 제대로 평가받게 되었고 도청으로 영전까지 하는 디딤돌이 되었다. 나의 공직생활 36년을 좌우한 결정적 계기였음이 틀림없다.

비보裨補. 산세의 허함을 채우기 위해 인공으로 산천山川을 만들고 절을 짓거나 탑을 쌓는 거창한 일만 비보이겠는가. 사람살이의 일상 속에서 상대의 부족함을 채워주는 조그마한 도움과 보탬도 비보이리라. 떡절이 주구산의 비보였고 J 과장님이 나의 비보였듯이 나는 누구의 비보였을까? 지금이라도 나의 도움이 필요한 일이나 사람이 있다면 비보의 역할을 마다하지 않으리라.

절 마당에 산그늘이 넓어지며 머지않은 어둠을 넌지시 알린다. 눈을 찌르던 붉은 태양빛은 절집 처마에 걸려 노을 빛깔처럼 은은해졌고 매미 소리는 잦아들었지만 절집들 사이로 미끄러지는 바람 끝은 시원함을 더한다. 불볕더위에 지친 심신을 다스리고 비보의 마음까지 다진 더없이 좋은 하루였다.

네따까라 가이사

여행은 낯섦과의 만남이다. 자연환경이 낯설고, 풍물이 낯설고, 만나는 사람이 낯선 곳을 찾아 떠나는 여행. 너무 익숙해진 일상이 지겹고 힘들 때 새로운 활력을 찾는 데 여행보다 더 좋은 약은 없는 것 같다.

우리 내외는 둘 다 여행을 좋아한다. 무슨 전문가들처럼 테마가 있는 건 아니지만 마음만 내키면 주저 없이 떠나는 편이다. 그러다 보니 이곳저곳 국내 여행은 물론이고 해외 여행도 일 년에 두세 차례는 다녀온다.

해외여행은 주로 패키지상품을 이용한다. 여행을 옷에 비유하자면 자유여행은 맞춤복이고 패키지여행은 기성복이라고 할 수 있다. 같은 값이면 맞춤복이 좋다. 그렇지만 몇 번의 자유여행에서 겪은 불편함은 나를 기성복 줄에 서게 했다. 언어 소통의 답답함, 시간을 길에다 깔고 다니고 출발 전에 예약한 숙소와 식당 찾기는 왜 그리 어려운지. 자유여행의 참맛을 즐길 나이가 이미 지났음을 인정할 수밖에.

패키지여행은 모르는 사람들과 일행이 되어 몇 날 며칠을 같이 움직여야 하므로 복불복이지만 일행을 잘 만나야 된다. 특히 가이드를 잘 만나야 한다. 그동안 여러 스타일의 가이드를 수없이 만났다. 그중에는 공항에서 작별인사를 하고 뒤돌아서는 순간 잊어버리는 가이드도 있지만, 오랫동안 기억이 나고 어떨 때는 슬며시 보고 싶어지는 사람도 있다.

지난주에는 중국 사천성의 수도인 성도成都와 구채구九寨沟 관광을 다녀왔다. 공항에 도착해서 입국심사를 마친 다음 버스에 옮겨 타고 출발하자마자 이웃집 아저씨 같은 편안한 인상의 현지가이드가 마이크를 잡았다.

"네따까라, 여러분의 도착을 환영합니다. 네따까라, 저는 이름이 이○○입니다. 네따까라, 교포이고요, 여기서는 조선족이라고 합니다."

"일단 호텔로 이동하여 네따까라, 짐을 먼저 풀겠습니다.

네따까라.”

이번 중국여행에서 현지가이드와의 첫 만남은 이렇게 시작되었다. 자기는 함경도 출신이고 할아버지 때 연변으로 왔다고 했다. 가이드 생활 13년 동안 연변말, 북한말, 한국말, 거기다가 중국말까지 마구 섞여 말씨로는 고향을 짐작하기 힘들거라고 한다. 약 십 분 정도 자기소개와 대강의 일정을 설명한 뒤 호텔까지 가는 동안 한숨 주무시라며 차내 등을 껐다. 대개는 도착지의 인구나 면적 같은 현황과 인사말도 가르치고 신입생을 위한 오리엔테이션처럼 시시콜콜 설명하며 손님들의 간을 보고 군기 잡느라 바쁜 시간인데…. 그래야 손님들이 가이드에게 호감을 느끼거나 아니면 주눅 들어 옵션도 많이 신청하게 되고 그러는데 그는 좀 달랐다.

한국시각으로 밤 열두 시가 넘은 시간이라 그랬을까? 하던 짓도 멍석 깔아 주면 안 하더라고 자라고 불까지 꺼주니 잠이 더 오지 않는다. 더구나 그의 말머리나 말끝에 두서없이 붙어 다니는 ‘네따까라’라는 말에 대한 궁금증이 오히려 정신을 더 말똥거리게 했다.

접두사, 접미사, 접속사로 아무렇게나 쓰이는 것은 보통이고 문장 중간중간에도 앞뒤 없이 끼어드는 “네따까라”. 그의 말은 온통 “네따까라” 투성이였다. ‘네따까라’가 도대체 무슨 뜻인가? 북한말인가? 경상도 사투리인가? 그의 ‘네따까라’는 호기심이 많은 내 성격을 자극하기에 충분했다.

“네따까라가 무슨 뜻이죠?”

일행 중에 나보다 더 조급증이 심한 여자 손님이 있었다. 그녀의 질문은 어둠을 구석으로 밀어내고 잠을 쫓았다. 차내에 다시 불이 켜지고 가이드는 어려운 질문이라는 듯 뒤통수를 긁으며 마이크를 잡았다. 그러나 그의 대답은 뜻밖에 간단하고 명료했다.

“네따까라”란 말은 손님들에게 무엇을 설명하다가 갑자기 생각이 안 떠오르거나, 말하기 곤란한 질문을 얼버무리기 위해 자기가 지어낸 말이라고 했다. 연설할 때 무의미하게 쓰이는 “에또~”나 “저~~”와 비슷한 용도인 것 같았다. 그런데 이 말을 사람들이 재미있어 하고, 그래서 더 자주 쓰다 보니 자기의 트레이드마크(trade mark)처럼 되었단다. 그러면서 자기를 ‘네따까라 가이사’로 불러 달라고 주문을 했다.

이제 ‘네따까라’는 알겠는데 ‘가이사’는 또 무슨 뜻인가? 이번에도 그의 설명은 간단하고 분명했다. 한국에서는 의사, 변호사, 검사같이 사 師 · 士 자 붙은 직업을 선망하고 높이 쳐주는데, 중국에서는 여행 가이드(guide)도 소득이 높은 괜찮은 직업으로 인정받고 있으니 이왕이면 가이드보다 가이사(gui士)로 불러 달라는 것이다. 조금은 엉뚱하고 실소를 자아내게 하는 주문이지만 여러 가지 의미를 함축한 것 같아서 그냥 흘려들을 수만은 없었다. 그 뒤로 그는 우리 일행과 헤어질 때까지 "네따까라 가이사"로 불렸다.

네따까라 가이사는 손님들에게 아주 열심히 봉사하는 가이드는 아니었다. 관광지 설명도 필요한 곳에서만 대충하고 넘어갔다. 여행 기간 내내 날씨가 흐렸다. 거기다가 해발 4,200m의 고지대를 오르락내리락하는 코스라 기온 차가 심해서 복장에도 신경이 많이 쓰였다. 이런 경우 보통은 가이드가 미리 챙기며 알려준다. 그런데 네따까라 가이사는 그게 아니었다. 우산이나 보온용 겉옷도 각자 알아서 준비하라는 식이었다. 관광가이드로 점수를 매기면 낙제점에 해당한다고 할 정도였다.

그런데 이상한 것은 그런 그를 싫어하는 일행이 하나도 없었다는 점이다. 나도 그에게서 묘한 매력을 느끼며 협조적으로 맞장구를 쳐 주었다. 우선 그는 솔직했다. 공부하는 것을 싫어했다고 한다. 그래서 그는 다른 가이드들이 녹음기를 틀어

대듯 읊어대는 관광지 정보도 제대로 외우지 못한다고 했다. 대신 그는 시간이 날 때마다 관광지 정보보다 중국역사, 중국인들의 생활상과 중국인들이 보는 한국의 인상 같은 현실적인 설명을 많이 했다. 하긴 처음 온 사람은 몰라도 나는 이곳이 벌써 세 번째라 그것이 더 도움이 되었다. 가는 곳마다 과일을 사다가 일행들에게 골고루 나눠주며 이 정도의 서비스는 가이드에게 재량이 주어져 있다고 했다. 쇼핑센터에서는 물건을 안 사더라도 계약된 한 시간 또는 한 시간 반은 꼭 있어야 한다며 협조를 구하는 대목에선 처연함이 묻어나기도 했다.

우리는 흔히 인덕人德이 있고 없음을 이야기한다. 평소 다른 사람들에게 눈에 띄게 별로 잘하는 것 같지도 않은데 주변에 좋은 사람들이 많이 모이고 좋은 평을 들으며 도움을 주려는 지인이 많은 사람이 있다. 우리는 그런 사람을 “인덕 있는 사람”이라고 한다. 네따까라 가이사가 그런 사람이었다. 그렇다면 별로 성실하지 못한 것 같고 염불보다 잿밥에만 신경을 쓰는 것 같은 그의 인덕은 어디서 비롯된 것일까?

아마도 그의 말과 행동에서 체취처럼 배어나는 인간미와 진정성이 아닌가 싶다. 그는 솔직하고 인간적인 정이 넘쳤다.

그는 자기 것을 쥘 줄도 알았지만 펼 줄도 알았다. 모든 일행을 가리지 않고 진심으로 거리감 없이 상대했다. 인덕이란 그때그때의 꾸밈이나 계산이 아니라 재주부리지 않는 속마음이 세월의 더께처럼 켜켜이 쌓이고 숙성된 삶에서 배어나는 체취이리라.

그를 생각하며 나를 돌아본다. 그와 비교되는 구절구절마다 마음이 편하지 못하다. 가슴이 오그라든다. 나도 인덕 있는 사람이고 싶다.

우리만의 전설

여행의 의미는 무엇일까? 미국사람들은 위아래 할 것 없이 손바닥을 위로 하고 손가락을 까딱이는 손짓으로 사람을 부른다. 손등을 위로 하고 손가락을 아래로 손짓을 하는 것은 개를 부를 때 하는 행동이란다. 우리나라에서는 손가락을 까딱이며 사람을 부르는 것은 버릇없는 행동이다. 손짓 하나에도 우리와 다른 문화가 있고 의미가 달라지는 것을 체험하는 것이 해외여행이다. 내가 해외여행을 좋아하는 이유이기도 하다.

여행을 다녀와서 시간이 지나다 보면 여행지의 기억은 잊히기 마련이다. 지명조차 가물가물한 곳도 있다. 그런데도 시간이 지날수록 잊히기는커녕 묻혀 있던 사소한 기억까지도 새록새록 새로워지는 곳이 있다면 그곳은 혼자만의 전설이 될

가능성이 크다. 나의 기억 속에도 전설이 될 여행지가 몇 군데 있다. 몇 년이 지났어도 눈에 선한 곳. 셈하기 어려운 세월 동안 물과 공기와 바람과 햇볕이 빚어낸 자연 조각물을 세계에서 가장 잘 보존하고 있는 그곳, 미국의 아치스 국립공원(Arches National Park)이 그중 하나이다.

눈을 감으면 델리케이트 아치(Delicate Arch)가 눈앞에 있는 것처럼 또렷하고 그곳에서의 경험이 생생해진다. 델리케이트 아치는 세계에서 가장 큰 자연 돌 아치로 유타(Utha) 주의 상징이자 아치스 국립공원을 대표하는 명물이다. 내가 델리케이트 아치를 처음 본 것은 미국 잡지에서였다. '말보로'라는 미국 담배의 광고사진 배경으로 등장한 아치가 청년기의 나를 사로잡았다. 동경의 우선순위에 올려놓고 언젠가 한 번은 꼭 가보리라 먹었다.

아치스 국립공원은 유타 주 솔트레이크시티에서 400㎞ 정도 떨어진 모압(Moab)이라는 도시에 있다. 공원은 대부분 사암질砂巖質의 붉은 돌산으로 이루어져 있으며, 모두 2천여 개의 크고 작은 돌 아치가 있다. 이렇게 많은 수의 아치가 한곳에 모여 있는 곳은 지구상 어디에도 없다고 공원 관계자는 자랑하였다. 많은 아치 가운데 완전한 형태를 갖추고 있는 것은 300여 개이고 그중에 고유의 이름이 있는 것도 90여 개나 된다. 1970년 이후 자연 작용으로 무너진 아치만도 43개일 정도로 지금도 무너지는 현상이 계속되고 있다고 한다.

하루에 지친 태양이 붉은빛을 토해낼 무렵 공원 입구에 도착했다. 공원 입구 길 건너편의 제법 높은 빨간 모래 언덕부터가 심상치 않은 흥분을 느끼게 하였다. 먼저 거기부터 올라가 보고 싶었다. 발자국 하나 없는 바람이 만든 모래 물결을 따라 최초의 정복자 같은 마음으로 내 발자국을 깊이 찍어가며 올랐다. 바람 한번 불면 흔적도 없이 지워질 발자국이 그 무슨 대단한 것이나 되는 것처럼. 그렇게 오르다 뒤를 보니 처음 몇 발자국은 벌써 지워졌는지 보이지 않는다. 바람은 여행자의 심리를 안다. 그래서 누구에게나 발자국 하나 없는 처녀지를 밟게 하는 것이리라. 빨간 모래 언덕에서 본 저물녘의 아치스 공원. 돌산의 붉은색과 붉은 석양이 습윤이 잘된 수채화처럼 섞였다. 땅도 하늘도 온통 빨갛다. 장엄한 빨강이다.

공원은 크게 세군데 구역으로 나누어져 있다. 먼저 방문자 센터에 들러 간단한 설명을 듣고 지도를 얻은 다음 가장 가까운 파크 애비뉴(Park Avenue) 구역을 찾았다. 고층건물과 같은 석탑과 절벽들이 마치 시가지를 형성하고 있는 것처럼 보였다. 붉은색의 거암 괴석들에 석양빛이 축축하게 젖어 스미며 더욱 붉게 보이는 장관을 연출하고 있었다. 여행의 기념은 사진이다. 이토록 장엄한 광경을 놓칠쏘냐. 석양에는 사진 찍기가 어렵다. 역광인 줄 알면서도 연신 셔터를 누르다 보니 해가 저물었다.

먼 길을 달려온 탓에 시간이 늦기도 했지만 아치스 국립공원은 저물녘과 아침녘의 느낌이 다르다기에 미리부터 여기만 이틀을 보려는 계획을 세웠던 터라 돌아 나오는 길이 조금도 아쉽지 않았다. 모압 시내에서 숙박을 했다.

더위를 피할 요량으로 이튿날 이른 아침에 다시 찾았다. 아침햇살에 비치는 붉은 돌산의 첨탑과 크고 작은 아치는 어제 석양의 모습과 또 다른 모습이었다. 듣던 대로 느낌이 달랐다. 그날은 데빌스 가든(Devils Garden)과 델리케이트 아치를 모두 볼 계획이었다. 그러나 공원의 북쪽에 있는 데빌스 가든 코스를 갔다가 제자리로 돌아와서 다시 동쪽의 델리케이트 아치를 다녀와야 되는 코스였기 때문에 아내의 다리가 걱정되었다.

아내는 무혈성괴사로 고관절에 문제가 있다. 젊어서는 대수롭지 않게 여기고 힘으로 버텼는데 이제는 그렇지 못하다. 인공관절을 삽입하는 수술방법이 있긴 하지만 그것도 100% 확실한 치료는 못 된다. 다리를 무리하지 않고 아끼며 꾸준한 스트레칭으로 주변의 근육을 보강하는 방법으로 이겨내고 있다. 의사는 여행 전에 한 시간 이상 무리하여 계속 걷지 말라는 주의와 함께 급한 상황에서 쓰라고 마약으로 분류된 진통제 성분의 패치까지 처방해주었다.

아내는 내 걱정을 미리 읽은 듯 "가다 못 가면 일행이 돌아올 때까지 제자리에서 기다리면 된다."면서 앞장섰다. 좁은 길을 따라 한참을 가니 무지개도 같고 돌다리와도 같은 커다란 아치가 나타났다. 처음이 어렵다던가. 하나가 나타나니 거기서부터는 크고, 작고, 단순하고, 기묘한 아치가 지천이었다. 아치에 빠져서 도중에 돌아오겠다던 약속도 잊었다. 다행히 코스가 평탄한 탓에 그리 힘든지도 모르고 악마의 정원이라는 데빌스 가든에 다다르니 앞이 확 트였다. 가든의 끝은 절벽이었다. 절벽 넘어 멀리 보이는 것들까지도 모두가 붉은색 돌기둥들이다.

데빌스 가든을 다녀오는 데 한 시간 반 정도가 걸렸다. 아내의 다리로는 이미 한계를 넘었다. 그런데도 케토톱을 붙여서 그런지 아직은 괜찮다고 한다. 걱정 말라며 내친김에 델리케이트 아치까지 다녀오겠다고 아내가 앞장을 섰다. 언제 이런 기회가 또 있으랴 하는 마음과 어떻게 되겠지 하는 막연한 믿음으로 출발했다. 출발선에는 살인적 더위이니 한 사람 당 2리터의 물을 반드시 준비하라고 경고판이 세워져 있었다. 나는 물병을 하나만 챙겨 들었다. 경고판의 문구란 으레 그런 거니까.

델리케이트 아치로 가는 길은 관광객이 많아 행렬을 이뤘다. 초목이 하나도 없는 돌산은 야트막한 잔둥(어머니는 뒷동산 같은 낮은 산을 이렇게 부른다.)과 잔둥이 이어지며 높이를 더했다. 빨갛게 익어버린 돌산 위에 길게 늘어선 행렬. 실루엣이 마치 사막을 횡단하는 대상의 행렬과 흡사했다. 아마 내려쏟는 태양열 때문에 더욱 그렇게 느꼈을 것이다.

힘을 내고 참고 참으며 그럭저럭 걷고 있던 아내는 힘이 부쳤는지 어깨에 멨던 여권가방을 나에게 넘겨주며 물을 찾았다. 마지막 한 모금 남은 물을 아내가 마셨다. 얼마 못 가서 이젠 나보고 앞서 가라고 했다. 걷는 시간보다 쉬는 시간이 길어졌다. 그래도 생각보다 상태가 아주 좋은 편이다. 한 굽이만 돌면 세계에서 가장 큰 돌 아치가 보이는 곳까지 와서는 완전히 지쳤는지 “여기서 기다릴 테니 당신만 갔다 와.” 하며 나를 자꾸 밀어냈다. 그렇다고 아내를 두고 나만 혼자 다녀올 수는 없는 노릇 아닌가. 손바닥만 한 그늘에 기대어 쉰다고 해서 다리는 새 힘을 얻을 수 있을지 모르나 갈증은 더할 수밖에 없는 더위였다. 더구나 물은 진즉 바닥이 났다. 경고문을 무시해버린 경솔함이 후회스러웠다. 가도 같이 가고 안 가도 같이 안 가야 했다.

한참을 앉아서 쉬었다. 다행히 내려오던 외국인에게서 물을 조금 얻었다. 정말 고마웠다. 물 한 모금이 그렇게 달고 시원할 수가 있을까. 그 외국인은 100미터 정도밖에 남지 않았으니 힘내라고 응원까지 해주었다. 그 말에 아내는 마지막 힘을 다해 다시 걸었다. 고개를 넘자마자 드디어 아치가 모습을 드러냈다.

아치는 정말 장관이었다. 파리의 개선문보다 훨씬 큰 자연산 빨간 돌문이 산의 정상 바로 아래에 혼자 우뚝 서 있는 모습이라니. 저런 커다란 조각을 아무런 무게감도 없는 바람과 햇빛이 만들어냈다니. 자연의 위대함과 경이를 눈으로 확인하고 커다란 아치를 코끼리 다리 만지듯 쓰다듬으며 오랜 꿈을 이뤘다.

일행은 우리 부부를 기다렸다가 격려하며 사진을 찍어 주었다. 아치가 얼마나 큰지 바로 밑에서 찍은 인증샷은 우리 부부가 고층건물 옥상에서 내려다본 도로의 자동차만큼이나 작게 보였다. 아치를 멀리 둔 배경으로 사진을 한 장 더 찍은 다음 우리 먼저 출발했다. 도착시간을 맞추려고.

그날 아내는 두 코스를 합하여 모두 네 시간 이상을 걸었다. 한 시간도 힘든 사람이 네 시간을…. 상상하기 어려운 일이다. 바람과 해가 자연의 아치를 만들어 낸 것을 기적이라고 한다면 그 기적의 땅 아치스 국립공원에서 우리 부부는 전설을 만들었다. 두고두고 이야기가 이어질 우리만의 전설을. 전설이란 아주 특별한 이야기가 아니다. 오랜 세월 잊히지 않으면 전설이 되는 것이다. 뛰어나거나 색다르지도 않고 재미없는 시시한 이야기도 잊히지 않고 구전되다 보면 살이 붙어 재미있는 이야기가 되고 종내에는 전설이 되는 것 아닌가.

내려오면서 나는 아내의 손을 꼭 잡아주었다. 아내도 어느 때보다 힘을 주어 내 손을 맞잡아왔다. 왜 무리하면서까지 걸어야 했고, 왜 같이 가야만 했고, 아주 심한 갈증 속에서도 남에게 조금 얻은 물을 왜 도착할 때까지 한 컵 정도나 남겼는가 하는 이야기는 더 이상 말이 필요 없었다. 나의 말없음과 그녀의 말없음은 수천, 수만 마디의 말보다 더 긴밀한 소통이었고 사랑이었다.

세금이 없는 나라 카타르

지평선에 불그스레한 기운을 돋우고 있는 여명. 스페인 여행길에 비행기 환승을 위해 카타르(Qatar)의 수도인 도하(Doha) 공항에 내렸다. 비가 내리고 있었다. 멀지도 가깝지도 않은 조명탑 불빛 따라 제법 굵은 빗줄기가 흩어진다. 빗물은 커다란 창유리에 부딪혀 알알이 흩어지고 빗방울은 쉼 없이 미끄럼을 탄다. 비행장의 너른 활주로, 멀리 보이는 황량한 들판은 꿈적도 하지 않고 드러누워 온몸으로 비를 맞아들이고 있었다. 빗속에서도 비행기는 연신 뜨고 내린다. 자동차들은 비행기와 청사 사이에 승객과 짐을 나르느라 끊임없이 꼬리를 문다. 그 사이를 오가며 분주히 움직이는 사람 중에 우산을 쓴 사람이 하나도 없다. 사막에서 내리는 비를 언제 맞아

보랴. 나도 밖으로 나가 같이 비를 맞으며 어우러지고 싶지만 그럴 수 없는 것이 아쉽다.

사막지대는 비가 귀하다. 한 해의 강수량이 250㎜에 미치지 못하는 지역을 사막이라고 한다. 그나마 카타르는 연간 강수량이 100㎜를 넘지 않는다. 그런 나라에 거의 30㎜가량의 비가 오는 날 도착했다는 건 아주 큰 행운이 아닐 수 없다. 카타르에서는 일 년에 한 두 차례밖에 없는 퍼포먼스가 아닌가.

카타르는 페르시아 만 연안에 있는 조그만 나라다. 사우디아라비아 옆구리에 엄지손가락처럼 나와 있는 카타르는 전라북도보다 조금 넓은 114백㎢ 면적에 225만 명의 인구가 살고 있다. 225만 명 중 카타리라고 부르는 카타르 원주민은 40만 명 정도에 불과하고 나머지는 다른 아랍계와 이주 외국인들이다. 그런 나라가 세계 천연가스 매장량의 20%를 차지하고 있다. 석유는 다른 산유국에 비해 상대적으로 적지만, 그래도 239억 배럴이나 매장되어 있다고 한다. 앞으로 160년 이상을 안정적으로 생산할 수 있다니 석유 한 방울 나지 않는 우리나라로서는 부럽지 않을 수 없는 자원 부국이다.

십여 년 전인 2004년도에 아시아올림픽평의회(OCA) 참석을 위하여 처음으로 이곳, 카타르 도하에 출장을 왔었다. 당시 중동국가를 보는 나의 시선은 전쟁이 그치지 않는 화약고, 석유를 판 돈으로 왕족들만 잘 먹고 잘사는 나라 정도로 부정적이었다. 당시 나를 안내해준 김제 출신 R 선생의 설명을 들으며 카타르에 대한 나의 선입견은 여지없이 부서지고 말았다.

카타르의 1인당 국민소득은 2016년 기준 6만 733달러로 세계 7위다. 그러나 내국인 중 순수한 카타리들만으로 보면 10만 달러 수준으로 세계에서 제일 많다고 할 수 있다. 인구는 적고 천연가스 같은 자원수출은 많으니 1인당국민소득은 당연히 높을 수밖에. 그것은 그리 놀랄 일이 아니었다. 내가 정말 놀라고 심지어 의심까지 했던 것은 세금이 한 푼도 없다는 점이었다. 세금을 거두기는커녕 오히려 정부가 국민에게 돈을 나눠주는 나라 카타르. 전기료 수도요금 가스비 같은 공과금도 없다. 국민에게 주택을 무상으로 공급하고 의료비, 교육비도 전액 무료이다. 거기다 카타르 원주민에게는 남자 한 명이 태어나면 성인이 될 때까지 매년 1억 원 정도의 육아연금을 지급한다고 한다. 국민복지 면에서만 보면 그야말로 지상낙원이 아닐 수 없다.

그런 나라로 이민 가면 어떨까? 갈 수만 있으면 좋겠지만 쉽지 않다. 외국인의 이민은 웬만해서 받아주지 않고 귀화도 허락하지 않는다. 카타리가 외국인 여자와 결혼하기는 쉬우나 카타르 여자가 외국인 남자와 결혼하는 것은 몹시 어려운 일이다.

카타르에서 외국인이 사업을 하려면 스폰서(Sponsor)제도를 잘 이해해야 한다. 사업을 하려는 외국인은 먼저 카타르 사람을 스폰서로 선임해야 한다. 그 스폰서는 자기가 후견하는 외국인이 출국이나 입국할 경우에 의견서를 제출하는 권한을 가졌다. 만약 그가 반대의견을 제시하면 해당 외국인은 출국도 입국도 할 수 없는 신세가 되고 만다. 카타르사람 한 명당 외국인 두 명까지 스폰서를 할 수 있다고 한다. 국민이 힘든 일을 하지 않아도 떳떳한 수입원을 가질 수 있게 해주는 묘한 일자리창출제도라고나 할까…. 카타르에서 노동과 납세는 외국인들의 몫이라고 생각하면 거의 틀림없다.

카타르가 사막 지역이지만 물이 귀하거나 부족한 것 같지는 않았다. 바닷물의 담수화 사업으로 물을 조달하여 상수도를 공급하고 농장까지 가꿀 정도였기 때문이다. 카타르 여인들은 여느 아랍국가와 마찬가지로 외출복으로 차도르(chador)를 입고 다닌다. 검은색 차도르로 온몸을 감추고 두 눈만 빠끔히 내놓고 다니는 모습이 답답하다는 느낌보다는 매혹적으로 다가오는 게 그녀들이다. 세계 유명 브랜드의 명품 화장품과 청바지, 구두, 핸드백이 가장 잘 팔리는 나라가 카타르라고 하는데 차도르의 이미지와 연결이 쉽지 않다.

카타르에서는 2006년 아시안게임이 열렸었다. 2022년에는 중동지역 최초로 FIFA 월드컵이 카타르에서 열린다. 인구 250만 명도 못 되는 조그마한 나라에서 정말 대단한 일들을 거침없이 해내고 있다. 도하 시내 중심가에는 세계 여느 도시 못지않은 고층빌딩이 즐비하다. 그중에 많은 건물을 우리나라 기술진이 지었다. 담수화 기술도 우리나라에서 수출했단다. 그래서인지 우리나라에 대한 이미지도 좋으며, 지금도 월드컵에 대비한 고속도로 건설공사 등을 우리나라 건설사들이 시공하고 있다.

카타르도 처음부터 이런 나라는 아니었다. 1995년에 즉위한 국왕이 왕족의 권한을 줄이고 자원수출의 이익을 국민에게 돌려주는 왕정 개혁의 결과로 몰라보게 달라졌다. 세계 여러 나라가 왕족들만 배부르고 잘사는 중동의 다른 왕정국가와 비교하여 주목하는 대목이기도 하다. 오늘날의 카타르는 지도자의 자질과 비전이 얼마나 중요한가를 증명하고 있음이 아닌가.

우리나라는 선거를 통해 지도자를 뽑는다. 이번 장미 대선에서도 서로가 대통령 자리에 가장 적임자라며 목소리를 높이고 있다. 조금만 뜯어보고 귀 기울여 들으면 아니나 다를까 모두가 공허하기 그지없다. 마음이 헛헛해진다. 선거도 없고 국민을 의식하지 않아도 되는 세습제의 왕정국가에서도 국민을 위해 헌신하고 서민들의 삶을 바꿔주는 지도자가 나오는데….

꽃보다 누나를 따라

"여보! 빨리 와 봐. 이것 좀 봐."

아내가 TV를 보다가 다급하게 불렀다. 별로 내키지는 않았지만, 얼른 몸을 낮추고 거실로 나가 말 잘 듣는 아이처럼 아내 곁에 앉았다. TV 화면에는 뭉게구름이 가득한 파란 하늘과 장난감처럼 작은 요트들이 여기저기 한가로이 떠 있는 잔잔한 바다 그리고 햇빛이 톡톡 튀는 주황색 지붕들이 어우러진 풍광이 하나 가득했다.

"저기가 어딘데?"

"크로아티아의 두브로브니크라는 도시야. 정말 멋있지?"

우리나라 여배우들의 여행기를 담은《꽃보다 누나》라는 TV 프로그램이었다. 나는 그 프로그램에서 두브로브니크를 처음 보았다. 화면에 비친 모습이 아주 아름다웠다. 요즘은 여행기를 다큐멘터리로 제작한 TV 프로그램이 많은 덕에 안방에 앉아서 세계를 여행하는 맛을 느낄 수 있어서 좋다. 시청하다 보면 직접 가보고 싶은 마음이 울컥 솟는 곳도 많다. 두브로브니크도 그중 한 곳이었다. 첫눈에 반했다고 할까. 아내와 나는 녹화를 해가며 〈꽃보다 누나〉를 한 회도 빠지지 않고 시청했다.

"어때? 저기 한 번 가볼까?"

"좋지!"

나의 제안에 아내가 하이파이브로 화답해온 뒤로 몇 달이 지나서 드디어 크로아티아 여행길에 올랐다. 여행사가 주관하는 패키지 관광인 탓에 내 욕심껏 여기저기 둘러볼 수는 없었지만, 두브로브니크에서의 하루는 좀처럼 지우기 어려운 추억이 되었다.

크로아티아는 슬로베니아, 보스니아, 세르비아 등이 있는 발칸 반도의 아드리아 해海 연안을 거의 다 차지하며 길게 늘어져 있다. 그 늘어진 가장 남쪽에 두브로브니크가 있다. 두브로브니크와 만남은 규중처녀와의 그것만큼이나 까다롭다. 같은 나라 안에서 국경을 두 번이나 통과해야 하는 번거로움이 그 첫 번째다. 북쪽에서 남쪽으로 길게 뻗은 크로아티아 영토의 정강이쯤을 보스니아가 자르고 들어와 있어서 한나라의 영토가 두 곳으로 떨어져 있기 때문이다. 또 하나는 한계령 고갯길만큼이나 구불구불한 해안 도로이다. 그 때문에 두브로브니크로 들어가는 길은 교통이 다소 불편하였다. 곡선도로인 데다 오르막과 내리막이 이어지니 버스가 좀처럼 속력을 낼 수가 없다. 그런데 불편한 도로 사정이 단체관광객에게는 오히려 더 좋은 조건이 되었다. 차창 유리를 화폭 삼아 한 폭의 그림 같은 경치가 이어지고 차 안의 여기저기에서 환호와 탄성이 쏟아졌다. 산 쪽 방향에 앉았던 관광객들조차 해변 쪽 차창에 붙어 연신 카메라 셔터를 눌러대느라 정신이 없었다. '이러다가 차가 균형을 잃고 해변 낭떠러지로 구르는 것은 아닐까?' 하는 걱정이 들 정도였다. 얼마쯤 가다가 두브로브니크 시가지 전경을 한눈에 조망할 수 있는 높은 곳에서 버스가 정차했다. 아마도 전망 좋은 포토 포인트에서 사진을 찍으라는 운전기사의 배려 같았다.

나는 보았다. TV 화면에 가득했던 하늘과 바다와 주황색 지붕이 어우러진 풍광이 직접 나를 맞이했다. 관광지를 찾아다니다 보면 그곳을 지칭하는 이미지나 영상으로 본 경치가 실제 모습과 달라 실망하는 경우가 가끔 있다. 그러나 눈에 들어온 두브로브니크의 전경은 영상보다 더 화려하고 다양하였다. 몽실몽실 부풀어 오른 뭉게구름이 한가하게 떠 있는 파란 하늘 그리고 주황색 지붕을 햇빛에 알맞게 섞어 비벼낸 풍광이 고급스럽게 차려낸 손님상처럼 색깔과 풍미가 조화를 이뤘다. 하늘과 바다, 그리고 지붕이 화려한 저마다의 색상을 서로에게 내어 주고 있었다. 내주면 내줄수록 오히려 자신의 색깔이 더 빛나게 됨을 저들은 이미 알고 있었음일까?

멀리 보이는 바다 저 끝에 당연히 있어야 할 수평선이 보이지 않는다. 아드리아 해海의 수평선에서는 하늘과 바다의 경계가 허물어져 버린다. 창세 전에는 하늘과 바다가 하나였음을 말하듯이 하늘과 바다가 하나로 만나는 그곳. 하늘빛과 물빛이 같은 그곳은 푸른 듯 파란 듯, 하늘이 바다 같고 바다가 하늘 같아서 경계의 금을 긋기가 쉽지 않다.

차에서 내려 구시가지의 관문인 필레게이트(Pilegate)를 걸어서 통과하니 플라차 거리가 품을 넓히며 반겼다. 여기서부터는 중세 성곽 안의 도시이다. 플라차 거리는 4차선이나 됨

직한 구시가지의 중앙로다. 밝은 석회암 건물들 사이를 직선으로 내닫는 널찍한 도로가 시원스럽다. 도로 표면의 돌은 닳고 닳아 지나다니는 사람이 반사될 것처럼 반질반질하였다. 중세시대에는 운하였는데 이를 메우고 돌을 깔아 거의 300m나 되는 직선도로를 만들었다고 한다. 이곳 사람들은 대부분이 거리에서 하루를 시작하고 끝을 맺는다.

플라차 거리의 초입부에 오노프리오스 샘이라고 불리는 제법 큰 저수조가 있다. 15세기부터 12㎞나 떨어진 먼 곳에서 물을 끌어다가 도시에 공급했던 상수도 시설이다. 저수조에는 사람과 동물의 입 모양을 한 물구멍이 16개나 뚫려 있었는데 지금도 마실 수 있다고 한다. 그 옆에는 성벽에 빨판처럼 달라붙어 있는 건물이 있다. 이곳에서 가장 오래된 건물인 사비오르 성당이다. 1667년에 대지진이 발생하여 화려했던 궁전과 건물 대부분이 무너졌는데 유일하게 무너지지 않은 건물이라고 했다. 저수조 건너편에는 14세기에 문을 열었다는 약국이 지금도 운영되고 있었다.

중앙로를 따라 비슷비슷하게 생긴 건물들이 늘어서 있는데 1층은 대부분 상가로 사용되었다. 화려한 장신구를 직접 제작해서 파는 가게가 뜻밖에 많았다. 액세서리의 제작은 두브로브니크의 오랜 전통문화라고 했다. 수작업으로 제작하는 특산품인 탓인지 가격은 제법 비쌌다. 멀리서 보면 연접한 것처럼 보이는 건물과 건물 사이에 좁고 경사진 골목들이 플라차 거리를 줄기 삼아 가지 치듯 뻗어 있었다. 바닷가의 지형적 특성상 큰길에 이어진 주택지는 대부분 경사면을 이루고 있다. 이 경사진 곳에 집을 짓고, 집을 따라 구불구불한 계단식 길을 내다보니 골목이 미로처럼 끝도 없이 이어져 있다. 소문난 카페와 맛 집들은 모두 이런 골목 안에 있다. 이곳의 주거환경이 만들어낸 골목문화가 매우 이색적이라는 설명만 듣고 체험은 하지 못한 것이 지금도 못내 아쉽다.

두브로브니크 관광의 백미라 할 성벽에 올라섰다. 아래를 보면 아찔한 느낌이 들어 시야를 멀리 두니 성벽 너머로 로브리예나체 요새가 막힘없이 한눈에 들어왔다. 절벽에 높이 솟아있는 성벽 밑으로 파도가 끊임없이 암벽을 들이받으며 하얀 거품을 일으키고 있다. 여느 바다에도 있는 흔한 경치이건만 여기에서는 그마저도 낯설고 멋지게 보였다. 성벽 주변의 가까운 바다는 물속을 있는 그대로 숨김없이 보여 주었다.

2㎞ 길이의 성벽을 돌아보는 동안 수백 장의 사진을 찍었다. 로브리예나체 요새는 원경으로, 성안의 구시가지는 근경

으로. 적절하게 어울린 하늘과 바다와 경사진 육지를 계단처럼 기어오르는 주황색 지붕은 유럽 어디에서나 볼 수 있는 흔한 풍경이다. 그런데 이곳에서는 특별할 것 하나 없는 이것들이 어우러져 믿기 어려운 두브로브니크만의 아름다운 풍광을 연출한다. 눈에 들어오는 경치마다 그림이었다. 로브리예나체 요새 성벽의 회색까지도 아름답게 보였다. 별도로 구도를 잡을 필요도 없이 카메라만 들이대면 달력에서나 보았던 풍경이 툭툭 튀어나온다. 공모전에 출품해도 좋을 만한 사진을 몇 장 얻고 보니 등 따시고 배부른 느낌이 들었다. 이래서 두브로브니크에 가면 누구나 사진작가가 된다고 했나 보다.

성벽 아래의 집들은 중세시대에 지어진 옛 건물이지만 빨래가 널려 있고 화초를 가꾸는 것으로 보아 지금도 사람이 살고 있음을 알 수 있다. 겉으로 보기에 너무 낡고 여기저기 헐어서 사람 살기가 쉽지 않을 텐데…. 웬만한 건물도 삼사십 년이 지나면 헐고 재개발하는 우리네 습성으로는 이해가 쉽지 않았다.

성벽을 돌아내려 오니 플라차 거리의 끝에 있는 대성당과 스폰자 궁전이 기다리고 있었다. 광장에 있는 중세의 전설적인 기사 올란도(Orlando)의 동상과 광장 주변의 골목길을 걸으로만 느끼고 다시 플라차 거리로 나와 뒤를 돌아보니 석양에 비친 건물들이 불그레하다. 낮술에 취한 듯 불콰해진 궁전의 겉모습은 또 다른 매력을 풍겼다.

아름다운 풍광에 이끌려 〈꽃보다 누나〉 따라 찾아온 두브로브니크의 외양을 웬만큼 보고 사진도 찍고 나니 이제는 사진으로 찍을 수 없는 그 무엇들이 궁금해지고 더 보고 싶었다. 관광은 먼저 그곳의 문화를 이해하는 것이 중요하다. 플라차 거리의 미로처럼 뻗은 수많은 골목마다 이어오는 골목문화도 궁금하고 구시가지의 오륙 백 년 된 건물에서 사는 그들의 살림살이도 좀 더 깊이 보고 싶었지만 패키지로 묶인 단체관광의 한계 때문에 내 욕심을 모두 채울 수 없었다. 아쉬움에 자유여행으로 다시 한 번 찾아오리라 다짐하며 두브로브니크를 떠나왔다.

다섯째 마당

진짜 선물

2046년 어느 날

적당한 음량의 알람이 울리고 창문 커튼이 스르르 열리며 밝은 햇빛이 쏟아진다. 그가 잠자리에서 일어난다. 그의 생활 패턴을 인지하고 있는 스마트하우스의 인공지능이 그를 깨운 것이다. 열린 커튼 사이로 들어오는 오월 햇볕이 솜이불처럼 따스하다.

대충 샤워를 하고 나오니 미리 입력해놓은 대로 주방에 아침 식사가 준비되어 있다. 주방이라고는 해도 조리 기구는 찾아보기 어렵다. 3D 음식 프린터에는 세계 각국의 요리 레시피가 저장되어 있어 버튼만 누르면 거의 모든 요리를 할 수 있다. 요즘은 1인 가구가 대부분이다. 혼자 먹기 위해 음식을 준비하는 일이 거추장스러운 탓인지 거의 모든 가정에 3D 음식

프린터가 보급되어 있다.

식사하면서 TV를 켜자 한쪽 벽면 가득히 3D 영상이 재현되었다. 요즘 한창 인기 있는 드라마가 방송되고 있었다. 달에 우주기지를 건설하고 태양계 정복을 꿈꾸는 내용으로, 옛날에는 출생의 비밀, 결혼과 이혼, 가족 간의 갈등을 다룬 멜로드라마가 인기였다지만 요즘의 트렌드는 우주임을 여실히 드러내고 있다.

채널을 바꿔 뉴스를 보는데 문자메시지가 왔다고 왼쪽 팔에 신호가 왔다. 2007년에 출시된 스마트폰이 발전에 발전을 더하여 20년 전인 2025년부터는 거의 완벽한 형태의 초소형 컴퓨터 칩을 사람의 몸에 이식하는 바이오 컴퓨터 산업으로 확장되었다. 모든 사람이 몸에 컴퓨터 칩을 이식하는 것은 아니지만, 다양한 업무를 동시에 처리하고 쏟아지는 정보를 처리 가공하기 위해서는 어쩔 수 없는 선택이다. 은퇴한 그의 아버지도 몸에 컴퓨터 칩을 이식하였다. 팔에 이식한 컴퓨터가 심박수, 체온, 혈압, 혈당 같은 기초자료를 체크하여 종합적인 건강상태를 실시간으로 모니터링하기 위해서다. 건강에 이상이 발견되면 바로 주치의와 보호자에게 경보가 울린다. 평균수명을 130세까지 높이기 위한 프로그램의 하나이다. 줄기

세포 의학과 3D 바이오 프린터가 평균수명 130세 시대를 여는 역할을 주도하고 있다. 각자의 체질에 맞춰 줄기세포로 조제한 약이 대량 시판되고 인간의 장기를 맞춤 생산하여서 기능을 제대로 하지 못하는 장기를 교체할 수 있게 된 것이다.

설거지를 로봇에게 맡기고 출근 준비를 위해 옷장을 열었다. 대부분 4D 프린터로 프린트한 옷이 옷장에 가득하다. 디자인은 인터넷에서 사들이고 바디 스캔 프로그램을 통해 신체 사이즈를 재면 몸에 딱 들어맞는 맞춤옷을 입을 수 있다. 옷감은 과거에 의료용이나 고기능성 스포츠 웨어에 사용하던 나노섬유가 대부분이다. 세균은 통과하지 못하지만 내부의 땀은 배출시키는 통기성이 높고, 때가 타지 않아 세탁의 필요가 거의 없는 장점 때문이다.

집을 나섰다. 현관문 옆 택배 박스에 밤사이 드론으로 배달된 물건을 확인하고 차에 올랐다. 인공지능이 운전하는 무인자동차다. 회사까지 가는 동안 오늘 할 일에 대한 자료를 검색한다. 대중교통인 전철이나 버스도 인공지능이 사람을 대신하여 운전한다. 사람보다 더 정확하고 효율적으로 대응하는 인공지능이 인간세계에 녹아든 것은 이미 오래전 일이다.

오늘 오후에는 부산으로 출장을 가야 한다. 대부분 화상회

의나 홀로그래피 영상통화로 원거리 업무를 처리하지만 오늘은 대면해서 체결해야 할 중요한 계약이 있기 때문이다. 장거리 대중교통은 주로 하이퍼루프 열차를 이용한다. 하이퍼루프 열차는 진공에 가까운 튜브 안을 최대 시속 900㎞로 달리는 고속 자기부상 열차다. 서울에서 부산까지 채 30분도 걸리지 않을 만큼 빠르기도 하지만 진공 튜브 터널을 달리기 때문에 한 번 미는 힘을 가하면 추가되는 에너지 소비가 없어서 이용 요금도 생각보다 저렴하다.

부산에서 돌아오는 길에 몸에 내장된 바이오 컴퓨터와 회사의 컴퓨터를 연결하였다. 업데이트된 자료를 몇 가지 분석한 다음 퇴근 시간이 다 되었으니 바로 퇴근하겠다는 의사를 통보했다. 그의 근무시간은 아침 10시부터 오후 4시까지 여섯 시간이다.

사람들은 지금을 '사이보그(cyborg)시대'라고 부른다. 인간의 몸 안에 컴퓨터 칩을 삽입하여 기계와 인간이 결합하였으니 인간 대부분이 사이보그가 된 것이다. 더욱이 사물에 이성을 주입하여 인공생명체처럼 생각하고 자기 주관대로 기능하며 자신을 스스로 통제하는 인공지능 로봇이 도우미의 수준을 넘어 인간의 삶을 대행하고 주도하니 그들 또한 사이보그라고 할 수 있기 때문이다. 집안의 모든 가구와 집기들은 사물인터넷으로 연결되어 있다. 모든 사물에 센서, 칩, 인공지능이 결합되어 마치 생명체처럼 사물끼리 서로 소통하면서 스스로 제어하고 기능한다. 이에 드는 모든 에너지는 지붕의 태양광을 통해 얻는다. 과거의 태양광 패널은 크고 무거우며 설치비용이 비싸고 미관에도 좋지 못하였지만, 지금은 지붕재를 겸한 가벼운 소재로 대중화되었다. 그 덕에 가정용 에너지는 집집마다 자급자족하는 경우가 대부분이다.

30년 뒤를 상상하며 가상현실에서 그의 일상을 훔쳐보던 내 마음이 미래에 대한 기대로 가득해진다. 스마트하고 편리해질 일상에 대한 기대가 묘한 흥분마저 느끼게 한다. 가상현실에서 사용해야 할 기술이나 장치의 이름은 벌써 귀에 낯설지 않다. 아주 먼 미래가 아니라는 뜻이다.

그러나 아무리 재미있고 살아봄 직한들 나에게 무슨 소용이 있으랴. 지금 60대 중반이니 그때까지 살 수 있기나 할까. 행여 살아 있다고 해도 90 중반의 늙은이가 사이보그 시대의 맛을 얼마나 누리겠는가. 받아들이고 적응하는 데 스트레스가 더 크지 싶다.

우리는 과거에 비해 엄청난 풍요를 누리며 살고 있다. 그러나 빈한하고 불편했던 과거의 사람들보다 지금의 우리가 더 행복하다고 말할 수는 없듯이 앞으로 인공지능의 발달이 인간의 삶을 더욱 편리하고 풍요롭게 만든다고 해서 행복지수가 높아지리라고 생각하진 않는다.

미래는 기대 이상으로 걱정거리일 수도 있다. 인공지능의 발달로 인간의 일자리는 줄어들고 사회문화적 적응자와 부적응자 간의 갈등이 심각해지며 1인 가구가 보편화하면서 가족관계의 해체와 서로 어울려 나누고 베푸는 공동체적 인성의 피폐가 명암의 골을 더 깊게 할 수도 있다.

과학기술의 발달은 도도한 물결 같다. 그 흐름을 거스르거나 막아낼 수도 없다. 그러나 과학 문명이 발달할수록 반문명적 삶에 아련한 향수를 느끼며 아날로그 모드를 고집하는 사람도 늘어난다. 나도 가끔 산으로 들어간 자연인의 대열에 끼고 싶을 때가 있다. 마음뿐이지만.

시대에 뒤떨어진 구닥다리 같은 행태가 어쩌면 사람의 본성을 유지하는 보루일지도 모른다. 더도 말고 덜도 말고 지금만 같았으면 참 좋겠다.

가끔은 죽음을 생각하며

그가 훌쩍 떠난 지 일 년이 넘었다. 빨갛고 노란 단풍이 온 산에서 넉장거리하던 재작년 가을 어느 날 그는 갔다. 내 몸이 봄을 느끼기 시작할 때만 해도 생때같던 그가 몇 달 사이에 그만 저세상 사람이 되어버린 것이다.

봄의 끝물쯤이었을까, 풍문에 위암이라는 그의 소식이 들렸다. 직접 물어보기도 뭐해서 언저리를 맴돌며 살피기만 했다. 워낙 밝은 표정인 데다 평소처럼 뭐든 가리지 않고 잘 먹는 식성으로 보아 병이 그리 위중하리라고는 짐작도 못 했다. 수술하고 잘 조리하면 괜찮을 줄 알았다. 그런데 막상 개복하고 보니 복막까지 전이되어 더는 손을 대지 못하고 덮었다는 충격적인 소식을 전해 들었다.

별로 하는 일도 없는데 하루하루가 바쁘다. 타고난 조급증 탓에 몸이 바쁜 것이 아니라 마음이 바쁜 것인지도 모른다. L의 병세가 빠른 속도로 악화하여 집에서 자리보전하고 누웠다는 소식을 듣고도 바쁘다는 핑계로 자주 찾아가 보지 못했다. 그를 병원으로 옮겼다는 연락이 왔다. 의식이 왔다 갔다 하여 임종 예배를 미리 드렸다기에 마지막 인사라도 하고 싶어서 다급히 병원을 찾았다. 몸이 밭아서 뼈만 남은 모습이 참으로 기가 막혔다. 풍채가 늠름했던 그가 너무 왜소하게 보였다. 그래도 듣던 것보단 나았다. 가족들은 "의식조차 없었는데 하루 사이에 사람을 모두 알아보고 대화를 나눌 정도로 좋아졌다."며 기적이라고 했다. 그러나 그것이 이 세상과의 마지막 작별을 위한 배려였을 줄이야.

수발하던 부인이 내가 왔음을 알리자 감았던 눈을 뜨며 희미하게 웃었다. 가만히 손을 잡았다. 그도 손을 맞잡아 왔지만 서로 아무 말도 하지 못했다. 그에게 무슨 말이 필요하랴. 그저 맞잡은 손에 힘을 더하는 것으로 인사를 대신했다. 그것이 그와의 마지막이었다. 그리고 그는 그날 밤 편안하게 저세상으로 갔다.

그가 떠난 지 두 해째, 지금도 지인들끼리 그를 얘기하며 추억을 더듬는다. 시간이 갈수록 추억은 희미해지기 마련인데 그와의 아름다운 기억들은 더욱 또렷해지고 어제 일처럼 느껴짐은 어인 까닭일까.

요즘 들어 나도 모르게 죽음에 대한 생각에 잠기곤 한다. 사후세계에 대한 궁금증이야 이루 말할 수 없지만, 어느 것 하나도 답이 없다. 그러잖아도 짧은 인생을 죽어보기 전에는 티끌만큼도 알 수 없는 사후세계에 대한 사유로 허비하고 싶은 생각은 없다. 그보다는 죽음을 전제로 하는 삶의 가치에 대한 생각이 깊어질 때가 많다. 나이 탓도 있겠지만, 지인들의 부음이 들려오고 문상을 다녀온 날이면 이런 생각이 더욱 깊어진다. '내가 죽어버리면 이게 다 무슨 소용이 있겠는가?'라는 생각이 들면 애착을 가지던 일들이 시들해지고 가슴이 스산해지며 모두가 덧없이 느껴진다.

이 세상에 태어난 모든 생명 있는 것은 죽음을 맞이한다. 죽음은 누구에게나 차별이 없다. 그리고 누구나 한번은 죽는다는 걸 모르는 사람도 없다. 그런데 실제 사는 모습을 보면 평생 죽지 않을 것처럼 소유에 집착하며 욕심껏 움켜쥐고 아등바등 살아가는 사람이 대부분이다. 하나같이 생명에 대한 지나친 욕심 때문에 죽음에 대한 공포와 불안에 자신을 스스로 가두고 두려워 떤다. 나도 그들의 하나이지만.

삶에 대한 애착이 결코 나쁜 건 아니다. 그러나 잊었던 것을 챙기듯 살면서 가끔은 죽음을 생각해보면 어떨까. 내가 집착하고 있는 일, 애착을 가지고 아끼는 것들을 천칭 저울의 한쪽 접시에 담고 반대쪽에 죽음을 올려 기울기를 보자. 진정한 삶의 가치를 찾을 수 있을지 모른다.

지금껏 살아온 날보다 살아 갈 날이 훨씬 짧으리라. 남은 시간의 빈 그릇에 어떤 삶으로 내용을 채워야 할까? 죽음과 삶의 가치를 천칭에 저울질하며 유서를 쓰듯 해야 할 일과 하지 말아야 할 일을 가리며 살아야겠다. 인생을 아름답게 마무리하고 싶은 소망을 담아서….

진짜 선물

추석이 며칠 남지 않았다. 몇몇 지인들에게 추석 선물을 보내고 왔다. 선물이란 인사나 정을 소박하게 나타내면 되련만 그래서 더 고르기가 쉽지 않다. 품목이 마음에 들면 값이 안 맞고, 값이 적당하면 품목이 애매하고, 받는 사람이 어떻게 생각할지도 모르겠고. 이래저래 선물 고르기가 쉽지 않다. 내가 스스로 정하고 내 마음대로 보내는 것이니 거칠 것이 없어야 마땅한 일인데도 막상 해보면 그렇지 않다. 그러니 선물을 한참 고르다 보면 선물의 본래 의도는 어디로 가버리고 형식을 위한 형식이 되어버리기 일쑤다. 선물, 그것 참으로 큰 스트레스가 아닐 수 없다.

"딩~동!"

"누구세요?"

인터폰 화면에 3층 남자의 얼굴이 비쳤다. 현관문을 여니 303호 남자가 조금은 계면쩍은 얼굴로 선물상자 하나를 내밀었다. 추석 선물이라고 했다. 또 다른 손에 들고 있던 제법 큰 검정 비닐봉지를 전하며 이것은 어떤 분이 나에게 전해주라고 맡겨놓고 간 물건이라고 했다. 구이 별장에 사는 친구라고 하면 알 것이라고 했단다. 고등학교 동창인 K를 말하는 것 같았다. 나도 얼른 다른 사람이 보내온 선물 중에서 한과세트 하나를 꺼내 3층 사람에게 전했다.

이른바 선물 돌려막기를 한 것이다. 선물을 받으면 나도 으레 답례한다. 그렇다고 일일이 선물을 별도로 사보내기에는 경제적으로나 시간상으로 부담이 클 수밖에 없다. 다른 사람들이 보내온 선물 중에는 기호 면에서 필요하지 않은 것도 있다. 그래서 다른 사람이 보내준 선물 중 적당한 것을 골라 또 다른 사람에게 선물로 보낸다. 이것이 선물 돌려막기다. 받는 사람의 기분을 생각해서 서로 쉬쉬하고 말은 안 하지만 그렇게 선물 돌려막기를 하는 사람이 많다고 들었다.

내가 언제부터 선물 돌려막기를 시작했는지 기억이 나지 않는다. 제법 오랫동안 그렇게 해왔기에 너무나 당연하고 평범

한 일상의 관행으로 굳어진 느낌이다. 선물의 본질적 의미와 가치를 잊은 지 이미 오래되었다는 뜻이다. 선물을 보내 준 사람에게 미안한 일인데도 오랫동안 그렇게 하다 보니 만성이 된 탓인지 미안함도 크게 느끼지 않게 되어 버렸다. 오히려 택배 운송장을 뜯다가 잘못해서 포장지에 흠이 생기는 바람에 돌려막기에 쓸 수 없게 된 속상함이 더 클 때도 있다.

303호 남자가 전해주고 간 검정 비닐봉지에는 굵고 토실토실한 알밤이 반 말가량이나 들어 있었다. 알밤을 하나씩 일일이 닦았는지 하나같이 반짝반짝 윤이 났다. 그런데 이 밤(栗) 선물은 돌려막기용으로 쓸 수가 없었다. 밤이 필수적인 제수 용품이거나 우리 집 식구 모두가 밤을 좋아하기 때문만은 아니다. 비닐봉지에 담겨 있는 탓에 선물로 다른 집에 보내려면 다시 포장해야 하는 번거로움 탓이다.

나는 알밤을 보내준 K에게 전화했다. 감사 인사를 하는데 오히려 자기가 고맙다고 했다. 내가 친구들을 위해서 애쓰는 것에 비하면 너무 약소하다는 것이다. 내가 동기동창회 총무를 맡아 수고한다는 뜻이었다. 조금이나마 보답하고 싶은 생각에 자기네 구이 별장 뒷산에서 직접 주웠다고 했다. 물에 씻으면 신선도가 떨어질까 봐 수건으로 하나씩 닦았다고도 했다. 그 마음과 정성이 그대로 내 마음에 전해왔다. 따뜻한 바람이 마음에서 마음으로 불어와 가슴속에 뜨거운 것이 그들먹하게 차오른다. 비록 비닐봉지에 담겨 남루한 차림으로 보내졌어도 그 어떤 선물보다 귀한 진짜 선물이었다. 돈 주고 사지 않았기 때문에 가치 없는 게 아니라 가격으로 셈할 수 없기에 가치를 뛰어넘는 선물. 이런 선물을 앞에 놓고 알밤이 한 말에 얼마인데 이것은 반 말 정도 되니까 얼마치가 되겠다고 계산하면 안 된다. 이런 것을 돈으로 계산하거나 다른 집으로 다시 보내는 돌려막기용으로 쓰는 사람은 아마 없을 것이다. 무엇보다 무게를 잴 수도, 크기를 따질 수 없는 친구의 정이, 그 정이 실체적 모습으로 드러나 있는 진짜 선물을 어떻게 밖으로 내돌린단 말인가.

선물은 본래 마음을 보내는 것이다. 마음은 보내는 것으로 끝이다. 대가를 바라지 않는다. 그러나 피붙이끼리도 하나를 주면 으레 하나를 받아야 하는 자본주의적 거래 논리가 선물에도 끼어든 지 오래다. 이제는 선물의 개념이 주면 당연히 되돌려 받고 받으면 되갚아야 하는 품앗이가 되어 버렸다. 베푼다고 생각하며 베푸는 것은 진정한 의미의 베풂기가 아니라고 했다. 베풀었다는 사실을 잊는 순간 진정한 베풂기와 자선의 의미가 살아나듯이 선물도 그런 것 아닐까 싶다.

말은 이렇게 하면서도 머릿속으로는 밤을 보내준 친구에게 무엇으로 답례할까 궁리 중이니 나도 어쩔 수 없는 사람이다. 선물. 살아가면서 겪어야 하는 이럴 수도 저럴 수도 없는 참으로 어려운 문제 중의 하나가 틀림없다.

에라! 모르겠다. 친구가 보내준 정, 한 솥은 쪄내고, 또 한 솥은 구워서 알밤파티나 해야겠다.

가을 색에 취한 주정

나는 단풍나무를 별로 좋아하지 않는다. 나무는 모름지기 산에 살며 산을 지켜야 하거늘 산의 중턱이나 높은 자리, 있어야 할 곳에는 별로 없고 눈에 잘 띄는 길가에 자리 잡고서 저 혼자만 예쁘다고 뽐내는 것이 맥없이 싫다. 같은 활엽수라도 단풍은 색깔이 빨간색 하나지만 갈잎은 빨강, 노랑, 갈색의 여러 가지로 치장을 한다. 가을 산의 울긋불긋한 추경秋景은 단풍나무가 연출하는 것이 아니라 떡갈나무나 느티나무의 갈잎이 만들어 내는것 아닌가.

바람은 갈잎을 좋아한다. 가을바람이 살랑거리며 갈잎을 희롱한다. 갈잎도 속내는 싫지 않은 듯 다소곳한 흔들림으로 마음을 대신한다. 그녀의 매혹적인 눈 흘김과 은근한 흔들림에 몸이 달아오른 바람은 몸짓을 키우고 힘을 더한다. 사내다운 몸짓이다. 가을바람의 적극적인 구애에 갈잎이 넘어갔다. 매달려 있던 둥지를 떠나 가을바람에 몸을 맡긴다. 열정적으로 휘감긴 두 몸이 하늘로 솟구치는가 싶더니 이내 몸을 비틀며 땅으로 떨어진다. 사랑의 환희에 정신마저 혼미해진 탓인지 몸을 가누지 못하고 이리저리 흩날린다. 가을바람에 홀려버린 갈잎은 낙엽이 되어 비처럼 내리고 있다.

오늘 낮에 몇몇 지인들과 순창의 강천산으로 단풍 구경을 다녀왔다. 단풍도 기후의 영향을 많이 받는다. 여름 한 철 적당한 강우와 일조량으로 가물지 않아야 가을 단풍도 곱다. 올해의 단풍은 요 근래 들어 가장 고운 것 같다. 구장군폭포까지 가는 길 곳곳마다 단풍 든 갈잎과 가을바람의 사랑이 낙엽비의 장관을 연출하고 있었다. 가을은 사랑에 눈이 멀어 버리는 계절인가 보다. 연두색이던 새봄부터 숱하게 이어진 바람의 유혹에 눈길조차 주지 않던 떡갈나무 잎이 어느새 초록빛 옷을 벗고 빨갛고 노란 치장으로 사랑의 계절이 왔음을 알리고 있다. 봄부터 지켜온 정절은 어디로 갔을까. 가을바람의 구애에 눈이 먼 갈잎은 한순간에 마음을 열고 몸까지 던져버린다.

생명을 주어 버린 것이다. 단 한 번의 사랑을 위해 목숨까지 버리는 갈잎의 열정이 내게는 있었던가? 할 수만 있다면 해보고 싶다. 그런 사랑을. 그 와중에도 생각은 어김없이 엉뚱한 곳으로 치닫는다. 갈잎의 사랑을 얻어낸 저 바람이 혹시 봄에 꽃잎을 유혹했던 그 바람은 아니겠지….

바람과 갈잎의 사랑이 노란색, 빨간색, 연갈색의 낙엽비가 되어 내리는 그 숲길은 마술 무대 같다. 낙엽비를 맞는 사람마다 모두 글쟁이로 바꿔 버린다. 눈을 이리 돌려도, 저리 돌려도 보이는 것마다 좋은 글귀가 되어 머릿속을 달음질하니 어찌 글쟁이가 되지 않을 수 있으랴. 시나 수필 한두 편은 거뜬하다. 탄성을 연발하며 앞서 걷는 중년의 아줌마는 이미 시인이 되었을 테고, 고운 단풍잎 몇 장을 주워들고 여기저기 해찰하며 도무지 따라올 기미를 보이지 않는 일행 P는 수필 한 편을 거의 완성하지 않았을까.

구장군폭포까지 가는 등산로는 마치 새로 난 신작로처럼 넓은 흙길이다. 주말에는 5일장의 장마당처럼 사람들이 붐벼 인파에 밀려다녔는데 오늘은 평일이라 그런지 적당하게 해찰하기 좋을 만하다. 이것도 은퇴했기 때문에 누릴 수 있는 여유 아니겠는가.

세상은 참 공평하다. 잃는 것이 있으면 반듯이 얻는 것도 있다. 아직은 팔팔한 청춘이라고 생각하며 오히려 원숙미 넘쳐나는 일 처리를 자신했는데 정년퇴직이라는 이유로 일에서 밀려났다. 커트라인, 안과 밖을 구분 짓는 경계선만큼 매몰차고 인정머리 없는 것은 없다. 1점 차이로 당락이 바뀌고 작년에는 숙련도를 자랑하는 고급 일꾼으로 대접하다가 하루 사이를 경계로 올해는 쓸모없는 늙다리 취급을 하니 말이다. 일은 잃었지만 여유는 얻었으니 은퇴의 손익계산은 결국 같다.

대개가 나처럼 여유를 누리려는 사람들인지 사진도 찍고 앉아 쉬기도 하며 여유만만이다. 나도 머릿속으로 생각 잇기 놀이를 하며 천천히 걸었다. 앞서가던 일행 중 하나가 돌아서며 스마트폰의 셔터를 눌러댄다. 뒷짐을 지고 느릿느릿 걸으며 울긋불긋한 단풍을 대화에 섞어 비비니 감칠맛이 우러나고 제대로 된 가을이 온몸으로 스며든다.

다져진 흙길은 농염한 여인네의 속살처럼 탱탱하고 매끈매끈하다. 어쩌면 이 길은 자신을 알아주는 이와 함께 서로를 느끼고 싶어서 부끄러움도 잊고 부드러운 속살을 내줬는지 모른다. 사람들은 그것을 몰라주고 거칠고 골 깊은 등산화 발로 길의 표면에 흔적을 남기며 짓밟는다. 길의 아픔이다. 짓눌리는 고통에 터지는 오열을 손바닥으로 눌러 참으며 소리죽여 흘린 눈물은 돌멩이가 되었다. 문득 길가에 드문드문 박힌 돌멩이들이 갑자기 촛불을 들고 일어설 것 같은 생각이 든다. 등산화를 벗고 맨발로 걸어야 할 것 같다. 그런데 주변을 돌아보니 맨발로 걷는 사람은 하나도 없다.

"여러분! 모두 신발을 벗고 맨발로 걸어갑시다."

외침은 마음뿐이고 소리는 목울대를 넘지 못한다. 외치기는 커녕 남의 눈에 거슬릴까 봐 내 등산화도 벗지 못했다. 등산화를 벗어 던진다고 눈살을 찌푸리거나, 맨발로 걷는다고 이상하게 볼 사람 하나도 없는데…. 내질러지지 못한 소리는 속에서 부글부글 끓는 가스(gas)로 팽창되어 가슴을 치지른다. 명치끝이 답답하며 묵직한 통증으로 은근히 번진다. 생각만 있고 소리 한번 제대로 지르지 못하는 소심한 남자만이 느끼는 동통이다.

엿 먹어라

취직시험을 준비하고 있는 지인의 아들에게 엿을 선물했다. 선물을 받아든 지인은 내용물이 엿이라는 말에 웬 뜬금없는 짓이냐는 듯 뜨악한 표정이었다. 엿은 선물하기가 여간 조심스러운 품목이 아닐 수 없다. 엿이라는 단어가 주는 어감 때문이다. 시쳇말로 "엿 먹어라."라는 말은 남이 은근히 골탕 먹거나 피해를 바라는 의미가 있다. 그래서 엿을 선물하려면 건네면서 엿의 효능과 선물하는 뜻 그리고 "엿 먹어라."는 말의 유래를 상당히 자세하게 설명해주지 않으면 선물하는 사람의 진심이 왜곡되고 오해를 일으킬 수 있다.

옛 문헌의 기록에 의하면 한과류 중에서 가장 먼저 만들어진 것이 엿이라고 한다. 엿은 곡식을 엿기름물에 삭힌 다음, 자루에 넣어 짜낸 국물을 다시 불에 고아 만든 음식이다. 조청은 묽게 고아서 굳지 아니한 엿을 말하니 조청도 엿의 한 종류라고 할 수 있다. 어릴 때 할머니의 어깨나 다리를 주물러드리고 얻어먹었던 조청에 찍은 가래떡은 꿀맛이었다. 그보다 더 맛있는 간식은 없었던 것 같다.

군입정거리가 적었던 어린 시절에 엿장수는 그야말로 반가운 손님이었다. 엿장수가 등에 엿 목판을 가로 지고 쩔겅쩔겅 가위치기를 하며 동네로 들어오면 아이들은 각자 집으로 뛰기 바빴다. 집에 있는 빈 병이나 헌 고무신 같은 고물을 가져오기 위해서다. 집안의 고물을 뒤지다가 없어서 쓸 만한 양은 주전자를 일부러 밟아 우그려서 엿하고 바꿔 먹은 기억이 엊그제 일처럼 또렷이 떠오른다. 그날 밤에 어머니께 동네방네 소문이 나도록 혼이 났음은 당연하다. 단맛 뒤에 쓴맛이 있다는 것을 모르진 않았지만 엿장수의 가위 소리는 혼나는 것은 차후 문제라는 홀림의 마력을 지니고 있었으니.

중학교 때였던가. 수업을 마치고 나오는데 학교 근처 길목에 엿장수 리어카가 있었다. 친구들 네 명이 내기 엿치기를 했다. 엿치기는 엿가락을 두 토막으로 부러트려서 속에 있는 구멍의 크기가 큰 쪽이 이기는 놀이다. 엿을 잘 골라야 한다. 대개는 근육질처럼 가닥이 보이는 엿이 구멍이 큰 편이다. 엿가락을 순식간에 자르면서 입김을 확 불어 넣어야 구멍이 더 커진다. 넷이 골고루 졌으면 문제가 없었을 텐데 유독 한 친구가 너무 많이 졌다. 엿값이 만만치 않았다. 우리는 서로 눈치를 보다가 일제히 줄행랑을 쳤다. 엿장수는 소리만 쳤지 따라오지 못했다. 엿 목판 때문이었으리라. 다음날 학교에 가서 친구들에게 무용담처럼 자랑을 늘어놓았다. 그러나 그것도 잠시, 엿장수가 학교로 찾아오는 바람에 교무실로 불려가서 이 선생님, 저 선생님께 돌아가며 혼이 났다. 어머니들이 모두 학교로 불려오고 엿값을 변상했다. 정학 대신 일주일간 화장실 청소를 벌로 받았다. 그 일을 생각할 때마다 우리의 치기를 나무라시던 국사 선생님의 꾸지람 중에 "다른 것보다 엿을 먹어서 다행이다. 엿은 공부에 도움이 되는 음식이다."라는 말씀이 잊히지 않는다.

엿은 음식이기도 하지만 약으로도 사용됐다. 따뜻한 성질을 가지고 있어 허약하고 힘이 없을 때 보를 해주는 역할을 한다. 또한 부드러운 성질 때문에 오장을 윤택하게 하고 담과 해수를 그치게 한다고 한다. 그래서 복통이나 기관지염, 마른 기침약으로 사용되었다.

공부 같은 정신노동에는 단것이 좋다. 단순 당인 엿은 체내 흡수 속도가 빨라서 먹는 즉시 두뇌활동을 왕성하게 하는 에너지원으로 쓰일 수 있다. 그래서 예로부터 과거를 준비하는 사대부는 물론이고 임금도 경연을 시작하기 전에 엿을 먹었다는 기록이 있다. 이렇듯 공부하는 학생에게 엿을 먹이는 것은 아주 오래된 전통이다. 시험 당일 날 수험생에게 엿을 먹이거나 시험장벽에 엿을 붙이는 것도 옛날부터 과거장에 들어가는 선비가 엿을 물고 들어가면 급제한다는 토속적 믿음이 지금까지 이어져 내려온 풍습이다.

이렇게 좋은 엿이 어쩌다가 욕 같은 비속한 의미로 전락했을까? 남사당패에서는 엿이 성기를 뜻하는 은어로 사용되었다. "엿 먹어라." "엿 먹이다."라는 말이 부정적인 의미로 들리게 된 것은 아마 이들의 은어때문이 아닌가 하는 생각이 든다.

또 한 가지. 1964년 중학교 입시문제가 발단이었다는 주장도 있다. 선다형으로 "다음에서 엿기름 대신 넣어서 엿을 만들 수 있는 것은 무엇인가?"라는 문제가 출제되었다. 정답은 디아스타제였다. 그런데 무즙이라고 답한 학생들의 학부모들이 들고 일어섰다. 학부모들은 법원에 제소하고 무로 엿을 만

들어 당시 문교부 등을 찾아갔다. 무즙으로 만든 엿을 먹어보라며 솥단지째 들고나와 시위를 벌였다. 결국 당시의 서울시 교육감과 문교부 차관이 사표를 내고 무즙은 정답으로 처리된 엽기적인 사건이었다. 장안에 커다란 화제가 된 이 사건으로 "엿 먹어라." "엿 먹이다."라는 말이 회자하였고 이것이 계기가 되어 엿의 의미가 비속적으로 변했다고도 한다. 연유야 어찌 됐건 요즘은 "엿 먹어라." "엿 먹이다."라는 말이 좋은 의미보다는 은유적으로 욕하고 비아냥거리는 의미로 사용되고 있음을 부정할 수 없다.

나는 요즘 엿 먹이고 싶은 사람이 많다.

몇몇 권력 실세들의 국정농단과 대통령 탄핵, 거기에 장미 대선까지 온통 정치문제로 나라가 흔들리고 있다. 종편을 비롯한 언론의 깊이 없는 가십(gossip)성 보도에 여론이 휘몰리고 찢어지고 있다. 한반도의 전쟁위기설로 뒤숭숭한데도 정작 당사자인 우리나라는 빠진 채 미국, 중국이 마치 당사국인 양 칼자루를 쥐고 협상하고 있으며 일본은 곁에서 초를 치고 있다. 상황이 이런데도 책임을 져야 할 사람들은 모르쇠로 일관하고 있고 제대로 된 목소리를 내는 지도자도 없으니 가슴이 미어지고 텔레비전을 보다가도 채널을 돌려버리게 된다. 분탕질한 당사자는 그렇다 치고 정치권의 주요 인사들은 권력에 근접해 있었으면서도 국정농단 사실자체를 몰랐다면 할 일을 제대로 안 한 것이고 알았으면 동조했거나 가담했거나 거든 죄에서 자유로울 수가 없다. 그런데도 안다는 사람은 하나도 없고 책임지겠다는 사람은 더더욱 없다. 나는 이들 모두에게 엿이나 한 볼퉁이씩 먹여버리고 싶다. 내 가슴을 미어지게 한 그들의 입안이 미어지게. 그것도 갱엿으로.

요즘 청년들은 모두 취업 공부로 흡사 죄지은 사람처럼 독서실에 갇혀 있다. 푸르디푸르러야 할 청춘이 죄가 되고 업이 되어 웅크리고 주눅 들어 있다. 난 그들에게 엿을 먹이고 싶다. 그것도 입에 살살 녹고 구멍 큰 흰엿으로. 공부하는 책상 옆에 한 접시씩 놓아주고 싶다. 단것 먹고 머리가 맑아져서 공부가 더 잘되기를 기도하면서. 엿을 먹으며 과거시험을 준비하고 과거장에 엿을 가지고 들어갔던 오랜 풍습과 선조들의 지혜를 취업준비중인 청년들의 취업시험 합격으로 증명해 보였으면 좋겠다.

엿을 받고 뜨악했던 지인의 표정이 봄날 목련꽃 버그러지듯 환하게 웃으며 밝아졌다. 아들의 합격 소식을 듣는 날엔 더 화

사해지겠지. 그날을 기도하며 엿을 선물하고 돌아서는 발걸음이 새털같이 가벼웠다.

목욕수건 유감

오늘도 아내와 목욕탕엘 갔다. 우리 부부는 주말이면 한 주간을 결산이나 하듯 저녁 늦은 시간에 목욕탕을 찾는 경우가 많다. 몸의 때를 씻는 것도 중요하지만 세상살이에 찌든 마음의 때를 벗기는 데는 목욕탕만 한 곳도 드물다. 목욕문화도 세월만큼이나 많이 변했다. 사람 따라 다르겠지만 나에게 목욕은 그냥 편안한 쉼이다. 꼬깃꼬깃하고 옹졸한 일상에서 벗어난 느긋함을 제대로 누리려면 붐비는 시간을 비켜야 한다. 오늘도 주말 연속극까지 TV 사냥을 모두 마친 아내가 목욕 그릇을 들고 앞장을 섰다. 계산을 마치고 아내는 수건 두 장과 열쇠를 받아들고 여탕으로, 나는 옷장 열쇠만 받아서 남탕으로 들어간다.

나는 목욕탕에 갈 때마다 느끼는 의문이 있다. 왜 여자 손님에게는 수건을 두 장씩 나눠 주는데 남자는 안 주는 것일까? 내가 다니는 목욕탕만 그런가? 언제 한번 그 이유를 물어보리라 벼르기만 했지 못 물어봤다. 목욕하는 사이에 잊어버리는 탓이다. 요즘은 왜 이렇게 깜빡깜빡하는지. 생각났을 때 바로 저지르지 않으면 잊기 일쑤다. 이번에는 잊지 않고 물어보았다.

"여자들은 수건을 너무 많이 쓰거든요. 그리고 수건을 목욕그릇에 담아서 가져가는 분도 간혹 있기 때문에 그래요."

예상조차 못 했던 답이었다. 충격이었다. 물론 목욕탕 종업원의 대답이 잘못된 것일 수도 있다. 그러나 정말 여자 손님들에게만 수건을 두 장씩 나눠주는 이유가 그 때문이라면 여기엔 엄청난 차별과 편견이 숨어 있는 것이다.

차별의 사전적 의미는 "둘 또는 여럿 사이에 차등을 두어 구별함"이다. 남자 손님은 수건을 한정 없이 자유롭게 쓰도록 하면서 여자들은 수건을 두 장씩으로 제한하는 것은 차별이 아닐 수 없다. 남탕에는 수건을 마음대로 쓸 수 있도록 쌓아두고 있다. "수건은 두 장 이내로"라는 표어가 여기저기 붙어 있기는 하지만 유심히 보면 손님 대부분이 두 장 이상의 수건을 사용하고 있었다. 사람에 따라서는 탕에 들어가면서 버릇처럼 수건 한 장을 들고 들어가 깔개 대용으로 쓰는 사람도 있고, 필요 이상으로 함부로 낭비하는 손님도 많다. 그러고 보면 여자들만 수건을 많이 쓰는 것은 아닌 것 같다. 그런데도 여자들에게만 수건 낭비의 혐의를 두고 두 장으로 제한하는 것은 성으로 차별의 기준을 삼는 성차별性差別임이 분명하지 않은가.

여자들은 목욕탕에 갈 때 거의가 목욕그릇을 가지고 다닌다. 목욕하면서 쓴 목욕탕 수건을 자기도 모르게 그릇에 담아 가지고 나올 수도 있다. 요즘같이 물자가 넘쳐나는 풍족한 세상에 수건 한두 장이 욕심나서 일부러 넣어서 오는 그런 사람은 없을 것이다. 그건 도둑질이기 때문이다. 남자들도 요즘에는 목욕 그릇을 가지고 다니는 사람들이 많다. 남자도 그런 실수를 할 수 있다. 그런데도 왜 여자에게만 수건도둑의 누명을 씌우는 것일까? 여자를 여자라는 이유만으로 집단으로 싸잡아 비하하고 무시하는, 근거도 없고 일반적이지도 못한 편견偏見이 아닐 수 없다.

요즘은 말 한마디 잘못하면 성희롱이 되기 십상이고, 여성을 비하했다가 자칫 성차별 논란에 잘못 휩싸이면 헤어 나오기 쉽지 않다. 고개를 들고 살 수 없을 정도로 여론의 뭇매를 맞기도 한다. 또 이러한 사례들이 있을 법한 곳마다 돋보기를 들이대고 현장을 누비는 단체와 운동가들도 많다. 그런데 전체 인구의 절반이나 되는 여성들이 도매금으로 매도되는 목욕탕 수건에 대해서 말하는 사람이 전혀 없다는 것은 정말 이상한 일이다. 혹시 그들은 대중목욕탕을 전혀 다니지 않는지도 모르겠다. 아니면 여론의 각광을 받거나 생색이 나지 않는 사소한 이슈라서 그냥 관행이라는 이름으로 묻어버렸는지도 모르겠다. 여탕의 목욕수건 제한이 내가 다니는 목욕탕에 국한된 일이어서 그런지도 모른다. 그렇다면 그나마 다행이다. 또 나에게 대답해준 종업원의 말은 개인의 사견에 불과하고 사실은 다른 깊은 뜻이 있을 수도 있다.

그렇지만 사소하고 시시해 보이는 일이 묵묵히 반복되고 저항 없이 받아들여지면 그것이 관행이 된다. 관행은 더 굳어져서 깨부수기 힘든 고정관념으로 우리를 당연한 듯 규율하게 된다. 문제가 있음을 알면서도 침묵하고 있다면 그것은 수긍의 결과를 낳는다. 여성들이 목욕탕 수건 낭비의 주범이며 수건도둑질의 범인임을 인정하는 꼴이 되고 마는 것이다. 그런데 그 목욕탕에 다니는 여자들은 수건을 두 장씩 나눠주는데 아주 익숙해져 있다. 한 장 더 달라고 요구하는 사람은 있어도 시정을 요구하는 사람은 없다. 조그마한 것 하나도 따지기 좋아하는 똑똑새 아줌마들은 다 어디로 갔을까.

대중목욕탕에서 수건을 가지고 여성을 차별하는 이런 관행은 없어졌으면 좋겠다.

각시바위에 가보고 싶다

아내가 외식하자고 했다. 입맛도 없었겠지만 밥하는 게 싫었나 보다. 하긴 하루 세 번씩 꼬박꼬박 돌아오는 밥 때가 얼마나 지겨울까. 밥 짓고 상 차리는 일이 지겹고 싫을 만한 나이도 됐다.

오래전에 둘이서 맛있게 먹었던 전주 천변의 떡갈비집을 찾았다. 기억을 더듬어 찾아갔는데 떡갈비집이 없다. 방천 길가에 움푹 내려앉은 듯 낮은 한옥이었는데…. 요즘 전주 한옥마을이 뜨고 관광객이 엄청나게 늘어나면서 주변 환경이 많이 바뀐 탓일까. 남천교를 중심으로 방천길을 두 번이나 오르락내리락했는데도 찾을 수가 없다. 입소문이 나서 맛집으로 유명한 그 집이 소리 소문 없이 이전했거나 폐업했을 리는 없는데.

한 번 더 찾아보고 싶지만 다리가 거부한다. 젊어서는 내 마음대로 부리고 또 따라준 몸이 이젠 조금만 어쩌면 까탈을 부린다. 몸이 마음을 거부할 때가 많다. 몸과 마음이 따로 노는 대목에서는 이제 나이 들었음을 시인하지 않을 수 없다. 힘겨워하는 다리를 달랠 요량으로 남천교에 나란히 붙어 있는 청연루 대청에 올랐다.

아래로 내려다보이는 전주 천변이 정말 장관이었다. 억새를 보다 보면 이파리는 놓치기에 십상이다. 그런데 여기는 갈색으로 변한 이파리와 곱게 늙은 노인의 은발 같은 억새가 어우러져 바람에 희학질하는 모습이 한 폭의 그림이다. 파스텔 톤의 연한 갈색이 가을볕에 조명되니 반짝이기까지 한다. 그림이 너무 눈이 부셔 잠시 눈을 감았다. 눈을 감으면 눈을 떴을 땐 보이지 않던 것까지도 환히 보인다. 생각은 어느새 우주선보다 더 빠른 속도로 세월을 거스르며 기억창고의 안쪽에서 깊은 잠을 자던 추억들을 꺼내놓기 시작한다. 아슴아슴한 추억 중 하나가 도드라지며 옛이야기를 시작했다.

나는 초등학교 시절에 전주천이 가까운 다가동에서 살았

다. 동네에서 얼마 떨어지지 않은 곳에 신흥학교 다리가 있었다. 지금의 다가교다. 다리 조금 아래에는 폭파되고 남은 교각의 잔해가 물 위로 불쑥 솟아 있었다. 그곳이 주변 동네 아이들의 물놀이터였다. 옆에는 양잿물로 빨래를 삶는 커다란 가마가 설치된 공동 빨래터가 있었다. 빨래터가 있는 쪽은 약간 깊었지만 아이들이 노는 반대편은 수심이 낮았다. 그래서 그곳에서 수영을 배우고 자신이 생기면 그 다음은 각시바위로 진출하였다.

물은 높은 곳에서 낮은 곳으로 흐른다. 하천은 북에서 남으로, 동에서 서로 흐르는 경우가 많다. 그렇지 않은 곳은 물이 거꾸로 흐른다 하여 역수지지逆水之地라 한다. 북과 동을 남과 서에 비해 높은 곳으로 보는 풍수사상 탓이겠지만 이런 것으로 보면 전주천은 남에서 북으로 흐르므로 전주는 역수지지다. 역수지지의 길흉은 기회가 있을 때 천천히 따져보기로 하고 천주천의 흐름을 거꾸로 따라가 보자. 좁은 목을 지나 상관 쪽으로 거슬러 올라가다 보면, 상관 쪽에서 흘러오던 물길이 대성동 앞 중바위산(僧岩山) 남쪽 끝자락에 부딪혀 크게 여울지는 곳이 있다. 그곳, 산자락이 급하게 흘러내린 벼랑에 붙

당겨 고개를 쑥 내밀고 서 있는 바위 하나가 있다. 그것이 각시바위다. 승암산 산자락과 전주천 물길 사이엔 전라선 철도가 있었다. 지금은 폐선이 된 그 철길을 따라 한벽당에서 상관쪽으로 가다 보면 각시바위를 만나게 된다.

각시 바위에는 전해 내려오는 이야기가 있다. 옛날에 이 마을로 시집을 오게 된 신부가 있었는데 신부를 태운 꽃가마가 깊은 여울물을 낀 좁은 산길을 따라 신행길을 재촉하고 있었다. 신부의 꽃가마 앞에는 말을 탄 신랑이 길잡이를 하고 있었다. 그런데 가마꾼이 바위 이끼에 미끄러져 발을 헛디디는 바람에 꽃가마가 절벽 아래로 굴러 떨어졌다. 신부는 깊은 여울물에 빠졌고 놀란 신랑이 신부를 구하려고 뛰어들었다가 결국 둘 다 불귀의 객이 되고 말았다는 애틋한 전설이다. 그래서 훗날 전주사람들은 그 바위를 부부바위 또는 각시바위라고 부르게 되었다.

1960년대까지만 해도 각시바위는 전주시민의 사랑을 받던 여름철 물놀이터요 무료목욕탕이었다. 여름 한 철에는 바위 건너편 자갈밭에 여러 개의 포장이 쳐졌다. 보신용 누렁이와 토종닭 삶는 냄새가 진동했었다. 냉차와 아이스케끼 장사가 성황을 이룰 만큼 흥청대던 유원지이기도 했다.

바위 아래, 짙푸른 여울물은 어른 키를 넘길 만큼 깊었다. 그래서 바위에서 물속으로 멋지게 뛰어들 수 있는 다이빙의 명소였다. 각시바위까지는 우리 동네에서 두 시간 정도 걸어야 했다. 동네 형들은 각시바위에서 다이빙한 이야기를 무용담처럼 자랑했다. 그때마다 형들을 영웅같이 우러르며 나도 데려가 달라고 졸랐다. 당시 동네 골목에서는 각시바위에서의 다이빙 경험이 서열을 가르는 훈장과 같았다.

열 살 때쯤이었던 것 같다. 드디어 동네 형들을 따라 한벽당 넘어 각시바위로 수영하러 가게 되었다. 형들과 함께 다가교에서 시작하여 매곡교와 남천교를 지나 한벽당까지는 천변을 따라 걸었다. 한벽당에서 부터는 철길로 올라섰다. 작은 터널을 지나 길게 누워 있는 기찻길을 따라 한참을 걸어가니 거기에 각시바위가 있었다. 그날도 사람이 아주 많았다. 여름철 한낮의 더위에 흘린 땀을 식힐 틈도 없이 옷을 벗어 고무신과 납작한 돌로 눌러 놓고 물속으로 뛰어들었다.

나는 몇 번의 자맥질로 몸을 푼 뒤에 형들이 하는 대로 각시바위 위로 올라섰다. 항상 놀던 곳보다 넓고 깊은 물색에 약간 겁이 났지만 눈을 감고 보란 듯이 뛰어들었다. 신흥학교 다리 밑에서처럼 물속의 바닥이 손에 닿지 않았다. 몸을 솟구쳐 올라와 머리를 흔들며 머리칼의 물기를 털어내는데 모두 나만 쳐다보는 것 같았다. 으쓱한 기분이 들었다.

그날 하루, 배고픔도 잊은 채 거의 반나절을 물속에서 놀았던 것 같다. 해가 뉘엿뉘엿한 해거름에야 집으로 돌아왔다. 집에서 기다리는 건 어머니의 꾸중이었다. 점심때가 지나도 안 들어오니 찾아보다가 아셨겠지. 심한 꾸지람을 들으면서도 마음속으로는 내일 친구들에게 자랑할 생각뿐이었다. 꾸지람이 그리 매섭게 느껴지지도 않았다.

천변의 억새가 불러다 준 어린 시절의 기억이 불현듯 그곳에 가고 싶은 충동을 일으켰다. 요술처럼 내 몸이 다시 젊어지거나 젊은 날로 돌아갈 수는 없기에 그날의 일들이 더 애틋하고 아쉬운 게 아닐까. 언제 한번 어릴 때 걸었던 그 길을 되 짚어서 각시바위에 다녀와야겠다. 처음 다녀왔던 그날 이후로 산천이 다섯 번도 넘게 변했으니 그 길은 얼마나 변했을까? 찾아갈 수나 있을지 모르겠다. 생각난 김에 김제 성산 밑의 내가 태어났던 집, 태어났던 방도 한 번 찾아가 보아야겠다. 추억이 오롯한 곳들 하나하나마다 기억을 더듬으며 찾아보고 싶다. 바둑을 복기하듯.

아내의 배고픈 재촉에 엉덩이를 털고 일어섰다. 허청거리던 다리에도 새 힘이 붙었다. 그래도 각시바위까지 걸어가려면 힘을 더 붙여야겠지….

냄비 받침

수필집 출간을 준비하고 있다. 등단하고 명색이 문인으로 행세하며 적잖은 수필을 썼다. 처음엔 말도 안 되는 소리를 써 놓고 스스로 대견해서 감격한 적도 있다. 그러나 수필의 개념을 조금씩 알게 되면서 글쓰기가 여간 어려운 것이 아님을 깨달았다. 깜냥도 되지 못하면서 물덤벙술덤벙 덤빈 나의 한계를 스스로 인정하며 겪은 수 없는 좌절…. 본격적인 글쓰기의 시작은 좌절이 출발선인지도 모른다.

도대체 어떻게 써야 독자의 공명을 얻어낼 수 있단 말인가? 내게 타고난 글재주는 없다. 그저 남의 작품을 많이 읽었다. 수필이든, 소설이든, 시든 가리지 않고 닥치는 대로. 그리고 문학성이니 예술성이니 하는 오르지 못할 나무는 아예 버렸다. 그저 내가 느끼고 생각하는 것들, 나의 사유를 꾸밈없이 솔직하고 진실하게 묘사하는 데 주력했다. 그렇게 열심히 썼다. 그러나 화려하고 매끄러우면서 촉촉한 미문이 돋보이는 작품도, 해학적이고 가벼운 터치로 재미를 가미한 작품도 없다. 문학성이 돋보이는 작품은 더더욱 없다. 그래도 많이 쓰다 보니 가끔 실수로 쓴것 같은 조금 나은 작품을 몇 편 추려낼 수 있었으니 정말 다행스러운 일이 아닐 수 없다. 그래 봤자 우물 안 개구리 식으로 내가 나의 수준에서 팔을 안으로 굽혀가며 후한 점수를 준 결과이니 어련할까마는. 그래도 그 몇몇 작품이 수필집 출간의 용기를 내는 데 디딤돌이 되었다.

교류하는 문인들의 작품집을 받을 때마다 부러웠다. 남이 장에 가니까 나도 거름지고 장에 따라나선 꼴이지만 막상 수필집을 내려고 원고를 모으고 퇴고하면서 다시 읽으니 작품마다 미흡함이 넘쳐서 얼굴이 화끈거린다. 그러면서도 한번 내친걸음을 어찌하지 못하고 장마당 어귀에 이르고 말았다. 수필집이 발간되고 독자들이 읽게 되는 그때쯤이면 부끄러움을 이기지 못해 당분간 잠적이라도 할 것 같다. 사람들은 이런 물음을 돌직구로 던질지도 모른다.

"아니 그럼, 부끄러운 줄 뻔히 알면서 부끄러운 짓을 왜 하는 건데?"

아주 난감하지만 너무 당연한 질문이다. 답변이 궁색하다. 굳이 대답하자면 자기 만족과 내 글이 읽히는 기쁨을 맛보기 위해서다. 책으로 묶어내야 독자들이 한 줄이라도 읽어줄 테고 얽은 것처럼 투박하고 사유가 부족한 글이지만 독자들이 읽어만 준다면 당장엔 그만한 기쁨도 없으리라. 대가들은 몰라도 내 주변의 고만고만한 문인들은 대개 자신의 작품이 많이 부족하다고 생각한다. 그래서 독자들에게 당당하게 내놓지 못하고 그들의 평가에 불안해한다. 그러면서도 틈새만 보이면 뾰조록이 얼굴을 내밀고 작품을 들이밀며 끊임없이 발표한다. 읽혀야 글이 되고, 수필이 되니까.

책을 펴내는 작가나 출판사는 그 책이 날개 돋친 듯이 팔려서 베스트셀러가 되기를 소원한다. 물론 나도 그렇다. 그렇게만 된다면 세상에 더 바랄 일이 없을 것 같다. 그러나 현실은 그렇지 않다. 전에는 지하철이나 버스에서 책을 읽는 사람이 많았다. 그러나 지금은 승객들 모두가 스마트폰을 들여다보고 있다. 책의 자리를 스마트폰이 차지한 지는 오래되었다. 손가락으로 몇 번만 클릭하면 남의 사생활까지도 낱낱이 벗겨내는 인터넷 시대에 온갖 정보와 지식이 넘쳐나는데 시간 버리고 돈 써가며 굳이 책을, 그나마도 종이책을 사서 읽을 필요성이 있겠는가.

그러니 책이 팔리지 않는 것은 당연한 일이다. 출판을 고상하게 문화 사업이라고 하지만 결국은 장사다. 이익이 없으면 망하기 마련이다. 출판사에서 작가에게 원고료를 먼저 지급한 다음 출판해서 영업이익을 남기고, 작가는 출판사에서 받은 원고료와 인세로 밥을 먹고 원고지를 사던 시대가 있기나 했던가. 우리나라에서 몇 사람이나 그런 호강을 누리며 집필에 전념하고 있을까?

지금은 많은 작가가 자기 돈을 들여 자비출판을 한다. 그렇게 출판된 책들은 서점의 판매대에 등을 대고 누워있거나 서 있어 볼 기회조차 드물다. 주변의 가까운 지인들에게 그냥 나눠주기도 힘들다. 별로 반가워하지 않기 때문이다. 나에게도 어느 때는 귀찮을 정도로 책이 많이 배달된다. 동료 문인들이 발간한 시집이나 수필집이 대부분이다. 문인들 스스로 작품집 발간을 "냄비 받침 만든다."고 비하하기도 한다. 수필은 자기 고백의 문학이다. 한 권의 수필집은 사회나 인생에 대한 작가의 성찰과 사색, 관조와 명상이 농축된 정신의 결정체이지만 읽히지 않는다면 단순히 활자를 늘어놓은 종이 묶음에 지나지 않는다. 실생활에 아무런 도움도 쓸모도 없는 물건이 되고 만다. 물건은 용도를 다양화할수록 가성비와 효용도가 높아진다. 냄비 받침으로라도 쓰임을 다행으로 여겨야 할 그 많은 책….

나는 내 수필집이 발간되면 많은 사람이 읽어주고 반응을 보여주기를 간절히 고대하고 있다. 남들이 보내온 책은 읽지도 않고 한쪽에 쌓아두면서 내 책은 읽히기를 바라는 마음. 이것 또한 이율배반의 욕심 아닌가. 내가 남의 책을 읽지 않는데 내 책인들 읽힐까? 갑자기 수필집 출판의 의지가 시들해지고 허전한 기분을 감출 수가 없다.

퇴고하는 틈틈이 서가 한쪽에 모아놓은 작품집의 작가들에게 일일이 전화했다. 안부를 묻고 늦었지만 출판 축하와 감사 인사를 전했다. 어쩐지 그래야 할 것 같았다. 나의 수필집이 부디 냄비 받침 되지 말며 읽히고 서가에 꽂히는 책이 되기를 바라는 기도의 일환이었다.

칸트에게 보내는 편지

윤 철

인 쇄 2017년 8월 25일
발 행 2017년 8월 30일

지은이 윤 철
발행인 서정환

펴낸곳 수필과비평사
주 소 전라북도 전주시 완산구 공북 1길 16 (태평동 251-30)
전 화 (063) 274-4000
팩 스 (063) 274-3131
이메일 sina321@hanmail.net
출판등록 제300-2013-133호

ISBN 979-11-5933-112-1 03810

값 13,000원

이 도서의 국립중앙도서관 출판시도서목록(CIP)은 서지정보유통지원시스템 홈페이지(http://seoji.nl.gokr)와 국가자료공동목록시스템(http://www.nl.go.kr/kolisnet)에서 이용하실 수 있습니다. (CIP제어번호: CIP2017021457)

Printed in KOREA